시원스쿨 네이티브

어디서나 통하는 리얼 영어회화

시원스쿨닷컴

시원스쿨 네이티브
어디서나 통하는
리얼 영어회화

초판 5쇄 발행 2025년 1월 3일

지은이 제나 강
펴낸곳 (주)에스제이더블유인터내셔널
펴낸이 양홍걸 이시원

홈페이지 www.siwonschool.com
주소 서울시 영등포구 영신로 166 시원스쿨
교재 구입 문의 02)2014-8151
고객센터 02)6409-0878

ISBN 979-11-6150-470-4 13740
Number 1-010303-02261207-04

머리말

홍콩 건축 회사의 디자이너 4년 차, 대표님께 사표를 건네며 이렇게 말해요. “전 국제 학교에서 미술 선생님을 할 거예요.” 미국에서 홍콩으로 건너온 지 얼마 안 되는 20대 중반의 막내 디자이너의 황당한 말에 대표님은 이렇게 말하죠. “선생님은 네가 좀 더 나이를 먹고 해도 늦지 않아. 이 회사에서 2년만 더 잘 붙어 있으면 팀장을 시켜 줄게. 선생님은 너랑 어울리지 않아.”

‘그’ 디자이너가 바로 14년 전의 저예요. 그후 전 다양한 직업을 경험한 후 지금은 영어 강사 겸 영어 콘텐츠를 제작하는 YouTube creator가 되었어요. 지금도 지인들은 저에게 묻죠. “유튜브 아직도 하니?” 네, 보시다시피 ‘그’ 유튜브 아직도 하고 있네요. 지난 2년 반 넘게 유튜브 채널을 운영하며 여러 차례 출판사, MCN 회사의 협업 제안을 거절해 오던 차에 ‘영어회화책을 한번 써 보면 어떨까?’라는 생각이 스칠 때쯤 집필 제안이 들어왔고 어느새 저는 집필 마무리 단계에서 머리말을 쓰고 있네요. 몇 년 전 계획이 지금의 나의 모습을 결정하는 것이 아니라 지금 나의 생각이 현재의 삶의 나침반이 되곤 해요. 그 덕에 모든 일에는 타이밍이 중요하다는 걸 매 순간 느끼며 살고 있어요.

지난 시간 동안 한국, 홍콩, 싱가포르, 미국에 살며 제가 겪었던 영어는 “원어민”의 언어가 아니라 상황에 맞게 나의 생각을 전달하는 수단이었고 그게 바로 Real 영어라 생각해요.

“미국식/영국식/호주식” 영어 외에도 정말 다양한 영어가 있어요. 그중에서 한국에 사는 우리는 단순히 콩글리시가 아닌, “한국식” 영어를 구사하죠. 그래서 한국에서 자주 겪는 50개의 상황에서 사용하는 영어회화 표현들로 책을 구성했어요. 내가 일상적으로 겪는 상황에서 자주 대화에 올리는 주제에 포커스를 맞춰 영어 말하기를 연습한다면 어디에서 누구를 만나더라도 당당하게 ‘한국식’ 영어로 인싸(insider)가 될 거라는 걸 저 Jenna가 확신합니다. 저랑 같이 수다 떠는 느낌으로 이 책을 펴 주세요. 자 그럼 바로 시작합니다! Are you guys ready?

저자 Jenna

이 책의 구성

<시원스쿨 네이티브 어디서나 통하는 리얼 영어회화>는 일상생활 초 밀착형 주제 50개에 담은 현실 영어 표현을 담았습니다. 늘 배웠던 교과서적인 진부한 표현에서 벗어나 이제 내 상황과 생각에 맞는 영어를 구사하며 '진짜' 대화를 하는 연습을 해 보시길 바랍니다.

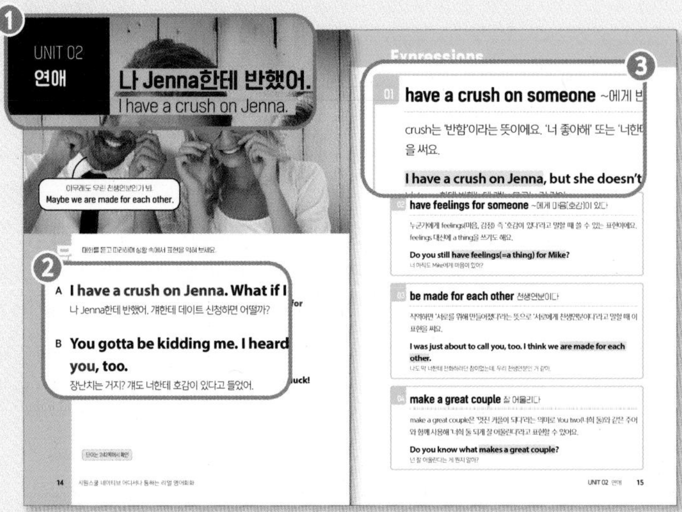

❶ 일상생활에서 대화 주제로 자주 오르내리는 생활 밀착형 유닛 50개로 구성하였습니다.

❷ 유닛 주제와 관련된 대화문입니다. 어제도 오늘도 썼을 법한 활용도 높은 표현들로 구성했습니다. QR코드를 이용해 원어민 음원을 반복해서 들으며 내가 진짜 하고 싶었던 일상적인 표현들을 익혀 보세요.

❸ 대화문에서 강조한 중요 표현들을 자세히 설명합니다. QR코드를 이용해 저자 직강 음성 강의를 들으며 학습한 표현들을 확실히 내 것으로 만들어 보세요.

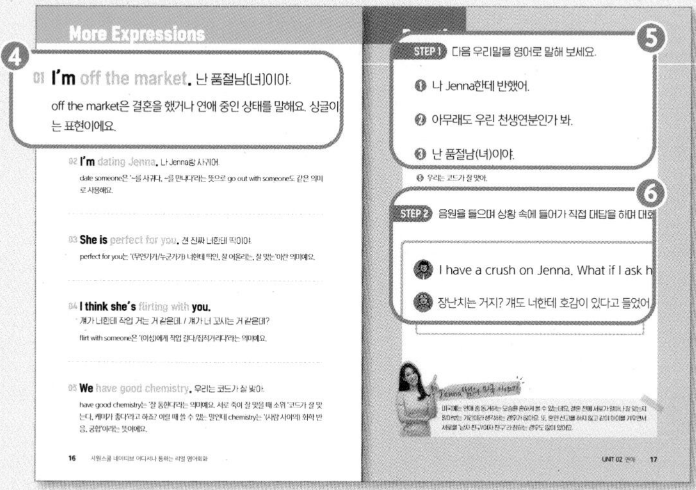

❹ 유닛 주제와 관련된 추가 표현들을 제공합니다. 내가 꼭 하고 싶었던 현실 표현들로 구성되어 있습니다.

❺ 배운 내용은 확실히 내 것으로 만들어주는 Practice 코너를 통해 우리말만 보고 영어로 말하는 연습을 해보세요.

❻ 앞서 배운 대화문 속에 직접 들어가 대화 시뮬레이션을 해 볼 수 있습니다. QR코드를 이용해 상대방의 음원을 듣고 우리말에 맞게 영어로 대답하며 대화를 이어나가 보세요.

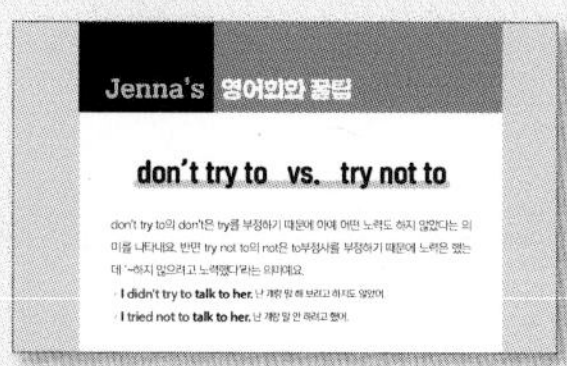

회화에 유용한 정보만
쏙쏙 뽑은 Jenna's 영어회화 꿀팁

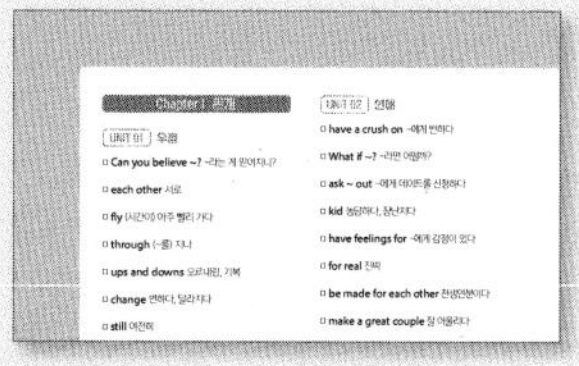

모르는 단어는 바로 찾아볼 수
있도록 구성한 단어장

목차

Chapter 1 관계

Chapter 2 일상 생활

Chapter 3 날씨

목차

Chapter 1

관계

UNIT 01
우정
마음은 여전히 20대야.
I still feel like I'm in my 20s.
넌 여전히 그대로야.
You still look the same.
내 주름 안 보여?
Don't you see my wrinkles?

Dialogue

대화를 듣고 따라하며 상황 속에서 표현을 익혀 보세요.

A **Can you believe we've known each other for 20 years?**
우리가 알고 지낸 지 벌써 20년인 게 믿어지니?

B **Time flies. We've been through a lot of ups and downs.**
세월 참 빠르다. 우린 우여곡절이 정말 많았어.

A **I know. You haven't changed a bit. You still look the same.**
그러게. 넌 하나도 안 변했어. 여전히 그대로야.

B **Don't you see my wrinkles? But I still feel like I'm in my 20s.**
내 주름 안 보여? 그래도 마음은 여전히 20대야.

음원 듣기 01

단어는 242쪽에서 확인

Expressions

Dialogue에서 다룬 주요 표현들을 자세히 학습해 보세요.

01 **Can you believe ~?** ~라는 게 믿어지니?

대화 중 믿기 힘든 상황을 말할 때 자주 쓰는 표현이에요. 직역하면 믿을 수 있냐고 묻는 내용이지만 '~라는 게 말이 되니?'라는 뉘앙스를 담고 있어요.

Can you believe it's already December?
벌써 12월이라는 게 믿어지니?

02 **Time flies.** 세월(시간) 참 빠르다.

time(시간)이 fly(날다)한다는 뜻으로 '시간이 쏜살같다, 세월이 유수와 같다'라고 말할 때 이 표현을 써요.

☆ How time flies! 시간이 쏜살같아!

Time flies. I'm already 40.
세월 참 빠르다. 내가 벌써 마흔이야.

03 **ups and downs** 우여곡절

인생의 굴곡을 '오르막 내리막'으로 묘사하죠? 영어로는 ups and downs라고 하는데 '좋을 때도 있고 나쁠 때도 있다'라는 의미를 가지고 있어요.

Life is full of ups and downs.
인생은 굴곡(오르막과 내리막)으로 가득해.

04 **I'm in my 20s.** 20대야.

'20대'는 in one's 20s(twenties), '30대'는 in one's 30s(thirties)로 표현해요. 그래서 I feel like 뒤에 I'm in my 20s를 말하면 '난 20대인 느낌이야'라는 뜻이 돼요.

Jenny looks like she is in her 30s. Jenny는 30대처럼 보여.

More Expressions

이번 UNIT 주제와 관련된 유용한 추가 표현들을 익혀 보세요.

01 Jessi and I go way back. Jessi랑 나는 소꿉친구야(오래된 친구야).

go way back은 '(서로) 오랫동안 알고 지내다'라는 뜻이에요. 그래서 we, he(she) and I, they처럼 복수 형태의 주어를 사용해서 말해요.

02 We hit it off. / We click very well together.

우리는 죽이 잘 맞아.

hit it off는 '(만나자마자) 서로 잘 맞다' 또는 '서로 잘 통하다'라는 뜻이에요. 같은 의미로 click very well도 사용해요.

03 This stays between us. Don't spill the beans.

이거 우리끼리 비밀이야. 누설하지 마.

spill the beans 또는 spill the tea는 '(비밀을) 무심코 말해 버리다'라는 의미예요.

04 I got your back. 내가 있잖아. / 난 네 편이야.

got your back은 직역하면 '내가 너의 뒤에 있다'라는 의미로 친구를 응원하거나 지지해 줄 때 쓰는 표현이에요.

05 We are on the same page. 난 너랑 같은 생각이야.

on the same page는 직역하면 '(~에 대해) 같은 페이지에 있는'이란 뜻인데 '이해하고 있는 내용이 같은, 같은 입장인'이라는 의미예요.

Practice

STEP 1 다음 우리말을 영어로 말해 보세요.

❶ 우리가 알고 지낸 지 벌써 20년인 게 믿어지니?

❷ 넌 하나도 안 변했어.

❸ 우리는 죽이 잘 맞아.

❹ 내가 있잖아. / 난 네 편이야.

❺ 난 너랑 같은 생각이야.

STEP 2 음원을 들으며 상황 속에 들어가 직접 대답을 하며 대화를 이어가 보세요.

연습하기 01

Can you believe we've known each other for 20 years?

세월 참 빠르다. 우린 우여곡절이 정말 많았어.

I know. You haven't changed a bit. You still look the same.

내 주름 안 보여? 그래도 마음은 여전히 20대야.

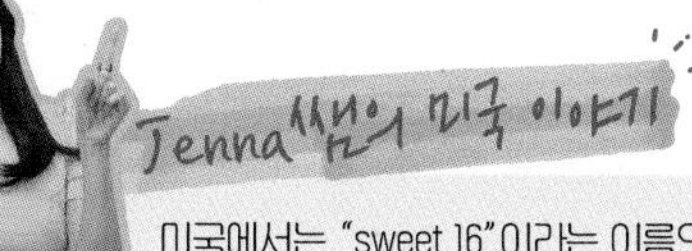

미국에서는 "sweet 16"이라는 이름으로 소녀에서 숙녀가 되는 시점을 상징하는 16번째 생일에 여자 친구들끼리 성대하게 파티를 하는 문화가 있어요. 하지만, 남자 친구들 사이에서는 그저 똑같은 생일에 불과해서 특별한 파티를 하는 경우가 드물답니다.

UNIT 02
연애

나 Jenna한테 반했어.
I have a crush on Jenna.

아무래도 우린 천생연분인가 봐.
Maybe we are made for each other.

Dialogue

대화를 듣고 따라하며 상황 속에서 표현을 익혀 보세요.

A **I have a crush on Jenna. What if I ask her out?**
나 Jenna한테 반했어. 걔한테 데이트 신청하면 어떨까?

B **You gotta be kidding me. I heard she has feelings for you, too.**
장난치는 거지? 걔도 너한테 호감이 있다고 들었어.

음원 듣기 02

A **For real? Maybe we are made for each other.**
진짜야? 아무래도 우린 천생연분인가 봐.

B **I think you two would make a great couple. Good luck!**
내 생각에도 너네 잘 어울릴 거 같아. 잘해 봐!

단어는 242쪽에서 확인

Expressions

Dialogue에서 다룬 주요 표현들을 자세히 학습해 보세요.

01 have a crush on someone ~에게 반하다

crush는 '반함'이라는 뜻이에요. '너 좋아해' 또는 '너한테 반했어'라고 고백할 때 이 표현을 써요.

I have a crush on Jenna, but she doesn't seem to know.
나 Jenna한테 반했는데 걔는 모르는 것 같아.

02 have feelings for someone ~에게 마음(호감)이 있다

누군가에게 feelings(마음, 감정) 즉 '호감이 있다'라고 말할 때 쓸 수 있는 표현이에요. feelings 대신에 a thing을 쓰기도 해요.

Do you still have feelings(=a thing) for Mike?
너 아직도 Mike에게 마음이 있어?

03 be made for each other 천생연분이다

직역하면 '서로를 위해 만들어졌다'라는 뜻으로 '서로에게 천생연분이다'라고 말할 때 이 표현을 써요.

I was just about to call you, too. I think we are made for each other.
나도 막 너한테 전화하려던 참이었는데. 우리 천생연분인 거 같아.

04 make a great couple 잘 어울리다

make a great couple은 '멋진 커플이 되다'라는 의미로 You two(너희 둘)와 같은 주어와 함께 사용해 '너희 둘 되게 잘 어울린다'라고 표현할 수 있어요.

Do you know what makes a great couple?
넌 잘 어울린다는 게 뭔지 알아?

More Expressions

이번 UNIT 주제와 관련된 유용한 추가 표현들을 익혀 보세요.

01 I'm off the market. 난 품절남(녀)이야.

off the market은 결혼을 했거나 연애 중인 상태를 말해요. 싱글이 아니라고 말할 때 쓸 수 있는 표현이에요.

02 I'm dating Jenna. 나 Jenna랑 사귀어.

date someone은 '~를 사귀다, ~를 만나다'라는 뜻으로 go out with someone도 같은 의미로 사용해요.

03 She is perfect for you. 갠 진짜 너한테 딱이야.

perfect for you는 '(무언가가/누군가가) 너한테 딱인, 잘 어울리는, 잘 맞는'이란 의미예요.

04 I think she's flirting with you.

개가 너한테 작업 거는 거 같은데. / 걔가 너 꼬시는 거 같아.

flirt with someone은 '(이성)에게 작업 걸다(집적거리다)'라는 의미예요.

05 We have good chemistry. 우리는 코드가 잘 맞아.

have good chemistry는 '잘 통한다'라는 의미예요. 서로 죽이 잘 맞을 때 소위 '코드가 잘 맞는다, 케미가 좋다'라고 하죠? 이럴 때 쓸 수 있는 말인데 chemistry는 '(사람 사이의) 화학 반응, 궁합'이라는 뜻이에요.

Practice

STEP 1 다음 우리말을 영어로 말해 보세요.

❶ 나 Jenna한테 반했어.

❷ 아무래도 우린 천생연분인가 봐.

❸ 난 품절남(녀)이야.

❹ 걔가 너한테 작업 거는 거 같은데.

❺ 우리는 코드가 잘 맞아.

STEP 2 음원을 들으며 상황 속에 들어가 직접 대답을 하며 대화를 이어가 보세요.

연습하기 02

I have a crush on Jenna. What if I ask her out?

장난치는 거지? 걔도 너한테 호감이 있다고 들었어.

For real? Maybe we are made for each other.

내 생각에도 너네 잘 어울릴 거 같아. 잘해 봐!

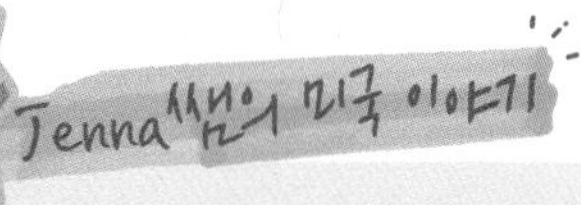

미국에는 연애 중 동거하는 모습을 흔하게 볼 수 있는데요, 결혼 전에 서로가 얼마나 잘 맞는지 알아보는 기간이라 생각하는 경우가 많아요. 또, 혼인 신고를 하지 않고 같이 아이를 키우면서 서로를 '남자 친구/여자 친구'라 칭하는 경우도 많이 있어요.

UNIT 03
결혼

결혼은 해도 후회, 안 해도 후회라잖아요.

People say you will regret it either way, whether you are married or not.

저희는 결혼 전에 8년 동안 사귀었어요.
We had dated for 8 years before we got married.

Dialogue

대화를 듣고 따라하며 상황 속에서 표현을 익혀 보세요.

A **When did you get married?**
언제 결혼하셨어요?

B **12 years ago. We had dated for 8 years before we got married.**
12년 전이요. 저희는 결혼 전에 8년 동안 사귀었어요.

음원 듣기 03

A **That's amazing. How's your married life?**
대단하시네요. 결혼 생활은 어때요?

B **People say you will regret it either way, whether you are married or not. So, I try not to regret it since I'm already married.**
결혼은 해도 후회, 안 해도 후회라잖아요. 전 이미 결혼을 했으니 후회 안 하려고 노력하고 있어요.

단어는 242쪽에서 확인

Expressions

Dialogue에서 다룬 주요 표현들을 자세히 학습해 보세요.

01 get married 결혼하다

'결혼을 하다'처럼 행위(동작)를 나타낼 때 get married를 써요. 누구와 결혼하는지 나타내려면 「to + 사람」을 뒤에 붙여 말하면 돼요.

I got married three years ago. 전 3년 전에 결혼했어요.
When did you get married to Calvin?
= When did you marry Calvin? Calvin이랑 언제 결혼하셨어요?

02 have dated for ~ ~ 동안 데이트했다(사귀었다)

누군가와 '얼마 동안 사귀었다'라고 할 땐 「have dated for + 기간」으로 말해요. 대화문에서는 결혼 전 연애 기간을 말하고 있어서 과거완료 형태인 had dated를 썼어요.

We have dated for a year. 우린 1년 동안 사귀었어.

03 You will regret it either way. (둘 중) 어느 쪽이든 후회할 거예요.

You will regret it.은 '당신은 후회할 거예요.'라는 뜻이에요. either way는 '(둘 중) 어느 쪽을 택하든 결과는 같다'라는 의미를 내포하고 있어요.

You will regret it either way. You decide what's right for you.
어느 쪽이든 후회할 거야. 너에게 맞는 걸로 결정해.

04 I'm married. 전 결혼했어요.

be married는 marry나 get married처럼 '결혼을 하다'라는 행위(동작)를 나타내는 것이 아닌 '결혼한 상태이다'라는 뜻으로 자신이 기혼인지 미혼인지를 나타낼 때 써요.

Are you married? 너 결혼했어?(=너 결혼한 상태야?)

More Expressions

이번 UNIT 주제와 관련된 유용한 추가 표현들을 익혀 보세요.

01 We are still in the honeymoon phase. 우리 아직 신혼이야.

honeymoon phase는 직역하면 '신혼 시기'란 의미지만, '초기의 좋은 기간'이라는 뜻을 나타낼 때도 사용해요.

02 Today is our 10th wedding anniversary.

오늘이 우리 결혼 10주년이야.

anniversary(기념일) 앞에 '~번째'라는 서수 표현을 같이 사용해 몇 주년인지 말할 수 있어요.

03 My husband and I argued yesterday.

나 어제 남편이랑 부부싸움 했어.

치고 받고 싸우는 fight가 아닌 '언쟁을 하다, 다투다'라는 의미의 argue를 사용해 '부부싸움 했어'라고 말할 수 있어요.

04 We are a dual-income household.

우린 맞벌이 가정이야.

'이중의'라는 의미의 dual과 income(소득)을 같이 사용해 '(부부의) 맞벌이'를 말할 수 있어요.

05 I heard he got divorced.

그 사람 이혼했다고 들었어.

Practice

STEP 1 다음 우리말을 영어로 말해 보세요.

❶ 언제 결혼하셨어요?

❷ 결혼 생활은 어때요?

❸ 오늘이 우리 결혼 10주년이야.

❹ 우리 맞벌이 가정이야.

❺ 그 사람 이혼했다고 들었어.

STEP 2 음원을 들으며 상황 속에 들어가 직접 대답을 하며 대화를 이어가 보세요.

연습하기 03 

When did you get married?

12년 전이요. 저희는 결혼 전에 8년 동안 사귀었어요.

That's amazing. How's your married life?

결혼은 해도 후회, 안 해도 후회라잖아요. 전 이미 결혼을 했으니 후회 안 하려고 노력하고 있어요.

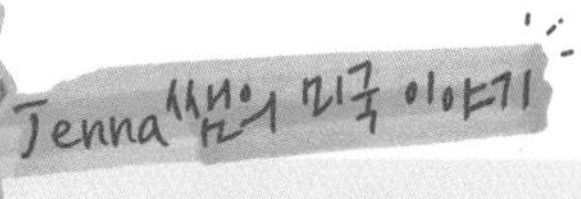

미국은 이혼율이나 재혼율이 높은 편이에요. 따라서 의붓자식이 있는 경우도 흔하죠. 다른 사람에게 소개를 할 때 '내 딸, 내 아들'이라고 말하기보단 떳떳하게 내 '의붓딸(step-daughter)' 또는 '의붓아들(step-son)'이라고 하는 걸 볼 수 있어요.

UNIT 04
결별

나 최근에 Justin이랑 헤어졌어.
I broke up with Justin recently.

너희 정말 잘 어울리는 커플이었는데.
You guys looked great together.

Dialogue

대화를 듣고 따라하며 상황 속에서 표현을 익혀 보세요.

A **I broke up with Justin recently.**
나 최근에 Justin이랑 헤어졌어.

B **Oh no, what happened? You guys looked great together. If you don't mind, may I ask why?**
이런, 무슨 일 있었어? 너희 정말 잘 어울리는 커플이었는데. 괜찮다면, 이유를 물어봐도 돼?

음원 듣기 04

A **We've both been busy. I lost faith in our relationship due to the lack of time we spent together.**
우리 둘 다 바빴어. 함께 보내는 시간도 부족해서 우리 관계에 대한 믿음이 사라졌지.

B **I'm sorry to hear that. I'm afraid of dating someone because of the fear of breaking up these days.**
에고, 그랬구나. 난 요즘 헤어지는 게 무서워서 누굴 만나는 게 두려워.

단어는 243쪽에서 확인

Expressions

Dialogue에서 다룬 주요 표현들을 자세히 학습해 보세요.

01 break up with someone ~와 헤어지다, ~와 결별하다

break up은 '부서지다, 끝이 나다'라는 의미로 연인과 헤어졌을 때 이 표현을 써요. 누구와 헤어졌는지 나타내려면 뒤에 with를 붙여 말하면 돼요.

She broke up with Mark over the phone.
걔는 Mark와 전화로 헤어졌어.

02 lose faith in ~ ~에 대한 믿음을 잃다

lose는 '잃다'라는 의미로 faith in 뒤에 love, you, myself, my boyfriend, life 등과 같은 표현을 써서 무언가 또는 누군가에 대한 신뢰나 확신을 잃었다고 말할 수 있어요.

I will never lose faith in you.
난 절대 너에 대한 믿음을 잃지 않을게.

03 lack of ~ ~의 부족

lack of는 뒤에 명사와 같이 사용해 '~의 부족'이란 뜻을 나타내요.

I'm tired from the lack of sleep. 잠을 못 자서 피곤해.
There's a lack of understanding between us.
우린 서로에 대한 이해가 부족해.

04 the fear of ~ ~에 대한 무서움

fear는 '무서움, 두려움'이라는 뜻인데 뒤에 of를 써서 어떤 것을 두려워하는지 표현할 수 있어요. of 뒤에는 명사나 동사의 ing형을 넣어 말해요.

I have to get over the fear of failure. 난 실패에 대한 두려움을 극복해야 해.

More Expressions

이번 UNIT 주제와 관련된 유용한 추가 표현들을 익혀 보세요.

01 Time heals all wounds. / Time heals everything.

시간이 약이야.

직역하면 '시간(time)은 모든 상처들(all wounds)을 치유한다(heal).'라는 뜻으로 우리가 자주 사용하는 '시간이 약이야.'라고 말할 때 쓸 수 있는 표현이예요.

02 I'm done with him. 이제 걔랑은 끝이야.

I'm done with ~는 '~을 끝내다'라는 의미로 with 뒤에 무엇이 오는지에 따라 의미가 달라져요. with 뒤에 사람을 말하면 '~와 헤어지다'라는 의미로 사용할 수 있어요.

03 I got dumped. 나 차였어.

dump는 '~을 버리다'라는 의미예요. 연인 관계에서 사용하면 '차다'라는 의미가 되는데, '차였다'라고 하려면 got dumped라고 말해요.

04 We are going to take a break (from our relationship).

우리 시간을 좀 갖기로 했어.

take a break는 '휴식을 취하다'라는 의미이지만 인간관계에서는 '시간을 갖는다'라는 의미로 사용해요.

05 I think I'm falling out of love with her.

아무래도 사랑이 식은 거 같아.

fall out of는 '~로부터 빠져나오다'라는 의미로 '사랑이 식었다'라고 말할 때는 뒤에 love를 써서 표현해요.

Practice

STEP 1 다음 우리말을 영어로 말해 보세요.

❶ 나 최근에 Justin이랑 헤어졌어.

❷ 시간이 약이야.

❸ 이제 걔랑은 끝이야.

❹ 나 차였어.

❺ 우리 시간을 좀 갖기로 했어.

STEP 2 음원을 들으며 상황 속에 들어가 직접 대답을 하며 대화를 이어가 보세요.

연습하기 04

I broke up with Justin recently.

이런, 무슨 일 있었어? 너희 정말 잘 어울리는 커플이었는데. 괜찮다면 이유를 물어봐도 돼?

We've both been busy. I lost faith in our relationship due to the lack of time we spent together.

에고, 그랬구나. 난 요즘 헤어지는 게 무서워서 누굴 만나는 게 두려워.

UNIT 05

층간 소음 위층 사람들 너무 시끄러워.

My upstairs neighbors are being too loud.

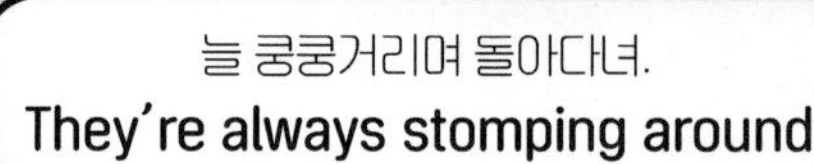
늘 쿵쿵거리며 돌아다녀.
They're always stomping around.

Dialogue

대화를 듣고 따라하며 상황 속에서 표현을 익혀 보세요.

A **My upstairs neighbors are being too loud. They're always stomping around.**
위층 사람들 너무 시끄러워. 늘 쿵쿵거리며 돌아다녀.

B **Have you tried to talk to them?**
그 사람들이랑 얘기해 봤어?

음원 듣기 05

A **No, I feel a little uncomfortable talking to them in person.**
아니, 그 사람들이랑 직접 이야기하는 건 좀 불편해.

B **Then you should file a noise complaint to the property manager.**
그럼 관리자한테 소음 민원을 넣어야겠네.

단어는 243쪽에서 확인

Expressions

Dialogue에서 다룬 주요 표현들을 자세히 학습해 보세요.

01 upstairs(downstairs) neighbors 위층(아래층) 사람들(이웃들)

'위층'은 upstairs, '아래층'은 downstairs인데 '이웃'인 neighbor(s)을 합쳐서 이 표현을 써요.

I don't know how to deal with the problem with my upstairs neighbors.
난 위층 사람들이랑 문제를 어떻게 해결해야 할지 모르겠어.

02 Have you tried to ~? ~하려고 노력해 봤어(시도해 봤어)?

try to는 뒤에 동사원형을 써서 '~하려고 노력하다(시도하다)'라는 의미로 사용해요. '~하려고 해 봤어?'처럼 경험을 물을 때는 현재완료형 의문문으로 변형해서 말해요.

Have you tried to understand them?
그 사람들을 이해하려고 노력해 봤어?

03 talk to someone in person ~와 직접 이야기하다

in person은 '직접'이라는 뜻이에요. '~와 직접 이야기를 하다'라고 말할 때 이 표현을 써요.

Can I talk to Jenny in person?
Jenny와 직접 이야기할 수 있을까요?

04 file a noise complaint 소음 민원을 넣다

file은 '파일'이란 의미의 명사 말고도 '(소송 등을) 제기하다'라는 뜻의 동사로도 사용해요. 그래서 '민원을 넣다'고 할 때 file a complaint라고 하는데 대화에 나온 것처럼 '소음 민원을 넣다'라고 할 땐 noise를 넣어 말해요.

I can't stand it anymore! I'm going to file a noise complaint.
더 이상 못 참겠어! 난 소음 민원을 제기할 거야.

More Expressions

이번 UNIT 주제와 관련된 유용한 추가 표현들을 익혀 보세요.

01 **My neighbors sometimes shout and fight late at night.**
우리 이웃들은 가끔씩 밤늦게 소리 지르고 싸워.

02 **They often host parties on the weekend.**
그 사람들은 주말에 자주 파티를 열어.

host party는 '파티를 주최하다'라는 뜻이에요. '파티를 주최하는 사람'은 host라고 해요.

03 **Inter-floor noise in apartments is very common in Korea.** 아파트 층간 소음은 한국에서 엄청 흔해.

inter-floor noise는 '층간 소음'이라는 뜻이에요.

04 **It is common sense to be quiet after 10 P.M.**
밤 10시 이후에 조용히 하는 건 상식이야.

common sense는 '공통의'라는 뜻의 common과 '감'이란 뜻의 sense를 같이 사용해 '상식'이란 의미가 돼요.

05 **Common noise complaints can come from loud footsteps, furniture being moved, children running around, and barking dogs.**
일반적인 소음 민원은 큰 발자국 소리, 가구 옮기는 소리, 뛰어다니는 아이들, 개 짖는 소리 때문이에요.

Practice

STEP 1 다음 우리말을 영어로 말해 보세요.

1. 위층 사람들 너무 시끄러워.
2. 그 사람들이랑 직접 이야기하는 건 좀 불편해.
3. 그 사람들은 주말에 자주 파티를 열어.
4. 아파트 층간 소음은 한국에서 엄청 흔해.
5. 밤 10시 이후에 조용히 하는 건 상식이야.

STEP 2 음원을 들으며 상황 속에 들어가 직접 대답을 하며 대화를 이어가 보세요.

연습하기 05

My upstairs neighbors are being too loud. They're always stomping around.

그 사람들이랑 얘기해 봤어?

No, I feel a little uncomfortable talking to them in person.

그럼 관리자한테 소음 민원을 넣어야겠네.

Jenna쌤의 미국 이야기

한국의 층간 소음은 이웃과 분란을 일으키기도 하죠? 미국도 예외는 아니랍니다. 층간 소음뿐만 아니라 다양한 문제로 이웃과 얼굴을 붉히는 경우가 생기기도 해요. 특히 홈파티 문화가 발달했기 때문에 파티로 인한 소음으로 문제가 많이 생겨요. 그럴 땐 대화 내용에 나온 것처럼 아파트 관리자에게 먼저 신고를 하는 편이에요.

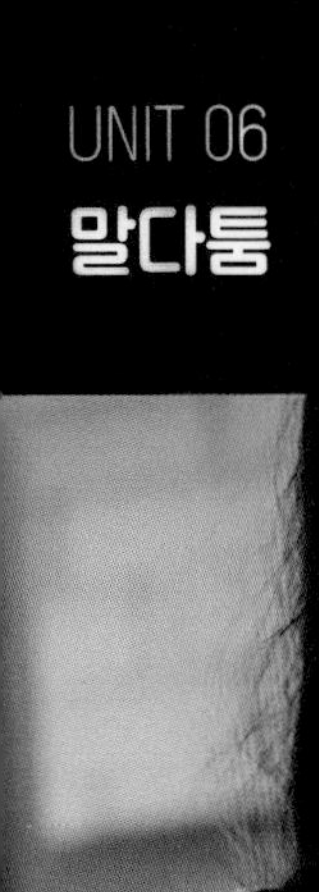
UNIT 06
말다툼

걔가 내 험담을 했어.
She talked behind my back.

난 당분간 걔랑 화해할 마음이 없어.
I won't make up with her for the time being.

Dialogue

대화를 듣고 따라하며 상황 속에서 표현을 익혀 보세요.

A **I heard that you are not on good terms with Haley these days.**
너 요즘 Haley와 사이 안 좋다며.

B **Actually, she talked behind my back, so we argued.**
사실 걔가 내 험담을 해서 말다툼했어.

음원 듣기 06

A **That's not very nice of her.**
걔가 잘못했네.

B **She's always been like that. I won't make up with her for the time being.**
걘 항상 그랬어. 난 당분간 걔랑 화해할 마음이 없어.

단어는 244쪽에서 확인

Expressions

Dialogue에서 다룬 주요 표현들을 자세히 학습해 보세요.

01 be not on good terms with someone ~와 사이가 좋지 않다

terms는 '관계, 사이'를 나타내는 말로, be on good terms with someone은 '~와 사이가 좋다'라는 뜻이에요. 반대로 '~와 사이가 좋지 않다'라고 말할 때는 not을 붙여서 써요.

I heard Josh is not on very good terms with his co-workers.
Josh는 직장 동료들과 사이가 별로 좋지 않다고 들었어.

02 talk behind one's back ~의 험담을 하다

'누군가의 등 뒤에서 이야기를 하다'라는 뜻으로 '누군가의 험담을 하다'라고 말할 때 이 표현을 사용해요.

Haley keeps talking behind your back.
Haley는 계속 네 험담을 하고 있어.

03 That's not very nice of her. 걔가 잘못했네.

상대방이 특정한 상황에 한 행동에 대해서 '잘했다'라고 말할 때 That's nice of someone.을 써요. 반대로 잘못했다고 표현할 때는 not을 넣어 말해요.

That wasn't very nice of her to just leave you there without saying a word.
아무 말 없이 그냥 널 거기 두고 온 건 걔가 잘못했네.

04 make up with someone ~와 화해하다

make up은 우리가 흔히 '화장을 하다'라는 뜻으로 알고 있지만 '화해하다'란 의미로도 사용해요. 누구와 화해하는지 표현하려면 with와 함께 써요.

I have nothing to lose. I won't make up with Haley.
난 잃을 게 없어. Haley랑 화해하지 않을 거야.

More Expressions

이번 UNIT 주제와 관련된 유용한 추가 표현들을 익혀 보세요.

01 You act like it doesn't concern you.

넌 강 건너 불구경하듯 하네.

act like는 '~처럼 행동하다'라는 뜻이에요. 뒤에 상대방이 어떻게 행동하는지를 나타내는 문장을 넣어 함께 사용해요.

02 I'm really pissed off. 나 완전 열 받았어.

pissed off는 '화가 난'이란 뜻으로 angry나 mad와 같은 의미지만 좀 더 격함 감정을 나타낼 때 이 표현을 써요.

03 Just leave me out of this. 난 끌어들이지 마.

leave out은 '빼다, 생략하다'라는 의미로 '나는 빼 줘'라고 말할 때 이 표현을 써요.

04 Don't put her in a corner. 걔 너무 다그치지 마.

put (someone) in a corner는 직역으로 '~을 구석으로 몰다'라는 의미로 '~을 다그치다'라는 표현이에요.

05 We don't see eye to eye. 우리는 의견이 안 맞아.

see eye to eye는 '(눈을 마주하고) 의견을 같이하다'라는 의미예요.

Practice

STEP 1 다음 우리말을 영어로 말해 보세요.

❶ 너 요즘 Haley와 사이 안 좋다며.

❷ 걔(그녀)가 잘못했네.

❸ 나 완전 열 받았어.

❹ 난 끌어들이지 마.

❺ 걔(그녀를) 너무 다그치지 마.

STEP 2 음원을 들으며 상황 속에 들어가 직접 대답을 하며 대화를 이어가 보세요.

연습하기 06

I heard that you are not on good terms with Haley these days.

사실 걔가 내 험담을 해서 말다툼했어.

That's not very nice of her.

걘 항상 그랬어. 난 당분간 걔랑 화해할 마음이 없어.

UNIT 07
성격

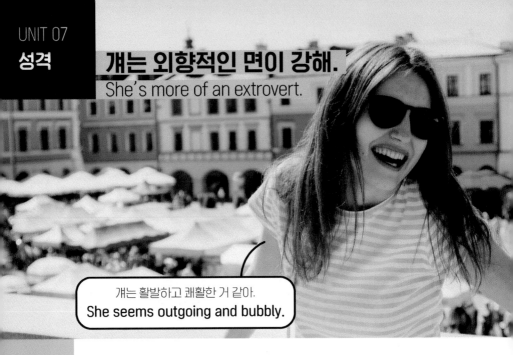

걔는 외향적인 면이 강해.
She's more of an extrovert.

걔는 활발하고 쾌활한 거 같아.
She seems outgoing and bubbly.

Dialogue

대화를 듣고 따라하며 상황 속에서 표현을 익혀 보세요.

A **Have you met Jenna? What's her personality like?**
너 Jenna 만난 적 있어? 걔 성격은 어때?

B **She's more of an extrovert. She seems outgoing and bubbly.**
외향적인 면이 강한 편이야. 활발하고 쾌활한 거 같아.

음원 듣기 07

A **Really? I thought she was a little hard to get along with.**
그래? 난 걔가 친해지기 어려운 사람인 줄 알았는데.

B **Well, she is sometimes too sensitive and straightforward. But overall, she's a nice person.**
음, 가끔 너무 예민하고 직설적일 때도 있어. 하지만 대체적으로 좋은 사람이야.

단어는 244쪽에서 확인

Expressions

Dialogue에서 다룬 주요 표현들을 자세히 학습해 보세요.

01 What's one's personality like? ~의 성격은 어때?

What's ~ like?는 '~은 어때?'라는 뜻으로 무언가의 상태를 물을 때 쓰는 표현이에요. 누군가의 성격이 어떤지 물을 때는 one's personality를 넣어서 사용해요.

What's your personality like? 네 성격은 어때?

02 more of ~ 더 ~인

사물, 사람, 동물에 모두 쓸 수 있는 표현으로 다양한 면을 가지고 있지만 그중에 '~(한 면이) 더 강한, 더 ~한'이라는 뜻이에요.

I'm more of an introvert. 난 내성적인 면이 강한 편이야.

03 hard to get along with someone ~와 친해지기 어려운

get along with someone은 '~와 잘 지내다'라는 뜻이에요. '친해지기 어려운'이라고 말할 때 hard to(=not easy to)를 앞에 넣어 같이 써요.

It's hard to get along with my boss.
=It's not easy to get along with my boss.
상사랑 잘 지내기가 어려워(쉽지 않아).

04 straightforward 솔직한, 직설적인

straightforward는 '간단한, 쉬운, 복잡하지 않은 (일)'을 의미하기도 하지만 사람의 성격을 묘사할 때는 '솔직한, 직설적인'이라는 뜻이에요.

She is quite straightforward and frank. 걔는 꽤 직설적이고 솔직해.

More Expressions

이번 UNIT 주제와 관련된 유용한 추가 표현들을 익혀 보세요.

01 **David is pretty laid-back and easygoing.**

David은 꽤 느긋하고 태평한 편이야.

laid-back은 '느긋한'이란 뜻이고 easygoing은 '태평한, 마음 편한'이란 뜻이에요.

02 **Jenna is very open-minded and down-to-earth.**

Jenna는 엄청 개방적이고 현실적이야.

open-minded는 '마음이 넓은, 개방적인'이란 뜻이고 down-to-earth는 '현실적인, 세상 물정에 밝은'이란 뜻이에요.

03 **I don't know how to deal with people who are arrogant and self-centered.**

난 건방지고 자기중심적인 사람들을 어떻게 대해야 할지 모르겠어.

arrogant는 '건방진, 오만한'이란 뜻이고 self-centered는 '자기중심적인, 이기적인'이란 뜻이에요.

04 **Amy is very stubborn and hard to work with.**

Amy는 고집이 너무 세서 함께 일하기가 힘들어.

stubborn은 '고집이 센, 완고한'이란 뜻이에요. work with는 '~와 함께 일하다'라는 뜻인데 '~ is hard to work with'라고 표현하면 '~는 같이 일하기 힘들어'라는 뜻이 돼요.

05 **I didn't know Nikki was such a big mouth.**

난 Nikki가 그렇게 입이 가벼운지 몰랐어.

such가 '그렇게, 너무나'라는 의미로 쓰일 때는 「such + a + 형용사 + 명사」 순으로 사용해요. a big mouth는 '입이 가벼운 사람'이란 뜻이에요.

Practice

STEP 1 다음 우리말을 영어로 말해 보세요.

1. 걔(그녀) 성격은 어때?
2. 난 걔(그녀)가 친해지기 어려운 사람인 줄 알았는데.
3. David은 꽤 느긋하고 태평한 편이야.
4. Amy는 고집이 너무 세서 함께 일하기가 힘들어.
5. 난 Nikki가 그렇게 입이 가벼운지 몰랐어.

STEP 2 음원을 들으며 상황 속에 들어가 직접 대답을 하며 대화를 이어가 보세요.

연습하기 07

Have you met Jenna? What's her personality like?

외향적인 면이 강한 편이야. 활발하고 쾌활한 거 같아.

Really? I thought she was a little hard to get along with.

음, 가끔 너무 예민하고 직설적일 때도 있어. 하지만 대체적으로 좋은 사람이야.

UNIT 08

스트레스

난 스트레스를 받으면 입맛이 없어져.

When I get stressed, I lose my appetite.

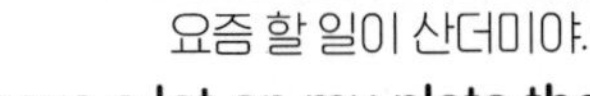
요즘 할 일이 산더미야.
I have a lot on my plate these days.

Dialogue

대화를 듣고 따라하며 상황 속에서 표현을 익혀 보세요.

A **Are you done eating already?**
너 벌써 다 먹은 거야?

B **Yes. When I get stressed, I lose my appetite.**
응. 난 스트레스를 받으면 입맛이 없어져.

A **What's stressing you out?**
뭐 때문에 스트레스를 받는 거야?

음원 듣기 08

B **I have a lot on my plate these days. It's hard to juggle work and school.**
요즘 할 일이 산더미야. 일과 학업을 병행하는 건 정말 힘드네.

단어는 244쪽에서 확인

Expressions

Dialogue에서 다룬 주요 표현들을 자세히 학습해 보세요.

01 get stressed 스트레스를 받다

'스트레스를 받는다'라고 말할 땐 get stressed 또는 be stressed를 써요. stress (out)가 '~에게 스트레스를 주다'라는 뜻이기 때문이에요. get을 사용하면 상태의 변화, be를 사용하면 지금의 그런 상태를 나타내요.

I get stressed easily. 난 쉽게 스트레스를 받아. (상태의 변화)

That's why I'm stressed (out). 그게 내가 스트레스를 받는 이유야. (지금의 상태)

The project has been stressing me out.
그 프로젝트 때문에 스트레스를 받고 있어.

02 lose one's appetite 입맛을 잃다

appetite은 '식욕'이라는 뜻이에요. '식욕을 잃다, 밥맛을 잃다'라고 말할 때 동사 lose와 함께 써서 말해요.

That news made me lose my appetite. 그 소식을 들으니 입맛이 뚝 떨어졌어.

03 have a lot on one's plate 할 일이 산더미다

할 일이 많다고 표현할 때는 비유적으로 내 접시 위에 무언가가 잔뜩 담겨 있다고 말해요.

I've had a lot on my plate in the last few weeks.
지난 몇 주 동안 할 일이 산더미였어.

04 juggle 병행하다

공중에 공을 여러 개 던져 받는 묘기를 '저글링(juggling)'이라고 하죠? 여러 가지 일을 동시에 해내는 것도 juggle이란 동사를 써요.

I'm trying to juggle a career and a family.
직장 생활과 가정 생활을 병행하려고 노력 중이야.

More Expressions

이번 UNIT 주제와 관련된 유용한 추가 표현들을 익혀 보세요.

01 When I get stressed, I crave sweets.

난 스트레스를 받으면 단게 먹고 싶더라.

crave는 뒤에 음식이 오면 '땡기다, 먹고 싶다'라는 의미로 사용할 수 있어요.

02 When I get stressed, I suck it up.

난 스트레스를 받으면 참고 받아들여.

suck up은 '빨아들이다'라는 뜻인데요, 어떤 상황을 참고 받아들인다고 말할 때도 이 표현을 써요!

03 I'm overwhelmed because I have a lot on my plate.

할 일이 많아서 정신이 없어.

스트레스 하면 항상 등장하는 이 단어 overwhelmed는 '압도된, 압박감을 느끼는' 또는 '정신이 없는'이란 뜻이에요.

04 He's driving me crazy. 그 사람 때문에 미치겠어.

05 He gets on my nerves. 그 사람이 날 짜증나게 해.

우리말에도 '신경에 거슬린다'라는 표현이 있죠? 영어에서도 신경을 나타내는 단어 nerves와 '올라타다'라는 의미의 get on을 같이 사용해 '신경에 거슬린다'라는 표현을 해요.

Practice

STEP 1 다음 우리말을 영어로 말해 보세요.

❶ 뭐 때문에 스트레스를 받는 거야?

❷ 난 스트레스를 받으면 단게 먹고 싶더라.

❸ 난 스트레스를 받으면 참고 받아들여.

❹ 할 일이 많아서 정신이 없어.

❺ 그 사람 때문에 미치겠어.

STEP 2 음원을 들으며 상황 속에 들어가 직접 대답을 하며 대화를 이어가 보세요.

연습하기 08

Are you done eating already?

응. 난 스트레스를 받으면 입맛이 없어져.

What's stressing you out?

요즘 할 일이 산더미야. 일과 학업을 병행하는 건 정말 힘드네.

Chapter 1

Review

우리말을 보고 영어로 말해 보세요.

01 우리가 알고 지낸 지 벌써 20년인 게 믿어지니?

02 우린 우여곡절이 정말 많았어.

03 나 Jenna한테 반했어.

04 아무래도 우린 천생연분인가 봐.

05 우리는 코드가 잘 맞아.

06 언제 결혼하셨어요?

07 나 어제 남편이랑 부부싸움 했어.

08 우린 맞벌이 가정이야.

09 나 최근에 Justin이랑 헤어졌어.

10 우리 관계에 대한 믿음이 사라졌어.

정답

01 Can you believe we've known each other for 20 years? 02 We've been through a lot of ups and downs. 03 I have a crush on Jenna. 04 Maybe we are made for each other. 05 We have good chemistry. 06 When did you get married? 07 My husband and I argued yesterday. 08 We are a dual-income household. 09 I broke up with Justin recently. 10 I lost faith in our relationship.

11 나 차였어.

12 위층 사람들 너무 시끄러워.

13 아파트 층간 소음은 한국에서 엄청 흔해.

14 걔(그녀)가 내 험담을 했어.

15 나 완전 열 받았어.

16 걔(그녀) 성격은 어때?

17 David은 꽤 느긋하고 태평한 편이야.

18 난 Nikki가 그렇게 입이 가벼운지 몰랐어.

19 난 스트레스를 받으면 입맛이 없어져.

20 요즘 할 일이 산더미야.

---

11 I got dumped. 12 My upstairs neighbors are being too loud. 13 Inter-floor noise in apartments is very common in Korea. 14 She talked behind my back. 15 I'm really pissed off. 16 What's her personality like? 17 David is pretty laid-back and easygoing. 18 I didn't know Nikki was such a big mouth. 19 When I get stressed, I lose my appetite. 20 I have a lot on my plate these days.

Jenna's 영어회화 꿀팁

don't try to vs. try not to

don't try to의 don't은 try를 부정하기 때문에 아예 어떤 노력도 하지 않았다는 의미를 나타내요. 반면 try not to의 not은 to부정사를 부정하기 때문에 노력은 했는데 '~하지 않으려고 노력했다'라는 의미예요.

- **I didn't try to talk to her.** 난 걔랑 말 해 보려고 하지도 않았어.
- **I tried not to talk to her.** 난 걔랑 말 안 하려고 했어.

차이가 느껴지시나요? 한 번 더 비교해 볼까요?

- **I didn't try to go there.** 난 거기 가 보려고 하지도 않았어.
- **I tried not to go there.** 난 거기 안 가려고 했어.

try not to는 명령문 형태로 상대방에게 '~하지 않도록 해'라고 말할 때 많이 사용해요. 자주 사용할 수 있는 예문으로 입에 익혀 보세요.

- **Try not to laugh.** 웃지 마.
- **Try not to look at the camera.** 카메라 보지 마.
- **Try not to doze off in class.** 수업 시간에 졸지 마.
- **Try not to be biased.** 선입견 갖지 마.
- **Try not to waste your time.** 시간을 낭비하지 마.

제나쌤의 관련 유튜브 강의

Chapter 2

일상생활

UNIT 09
운전

제한 속도 지켜!
Stay within the speed limit!

저기 감시 카메라가 있어.
There's a traffic enforcement camera.

Dialogue

대화를 듣고 따라하며 상황 속에서 표현을 익혀 보세요.

A **Hey, stay within the speed limit! There's a traffic enforcement camera over there.**
야, 제한 속도 지켜! 저기 감시 카메라가 있어.

B **Don't worry! I'm aware of that.**
걱정하지 마! 나도 알아.

음원 듣기 09

A **He's jaywalking. You must stop!**
저 사람 무단 횡단하고 있어. 멈춰야 해!

B **Gosh, stop being a backseat driver. I can't concentrate on driving because of you.**
어이쿠, 잔소리 좀 그만해! 너 때문에 운전에 집중을 할 수가 없어.

단어는 245쪽에서 확인

Expressions

Dialogue에서 다룬 주요 표현들을 자세히 학습해 보세요.

01 stay within the speed limit 제한 속도를 지키다

within the speed limit은 '제한 속도 내에서'라는 뜻이에요. '머물다, 유지하다'라는 의미를 가진 stay 또는 keep과 함께 이 표현을 써서 '제한 속도를 지키다'라는 뜻을 나타낼 수 있어요.

I always stay within the speed limit. 난 항상 제한 속도를 지켜.
Keep within the speed limit when you drive. 운전할 때 제한 속도를 지켜.

02 be aware of ~ ~을 알다, ~을 알아차리다

aware은 '알고 있는, 의식하고 있는'이라는 뜻으로 무언가에 대해 이미 인식을 해서 알고 있다고 말할 때 이 표현을 써요.

I'm aware of the speed limit. 난 제한 속도를 (이미) 알고 있어.

03 jaywalk 무단 횡단하다

jay는 1990년대 초반에 유래된 '미숙한 사람'을 낮잡아 칭하는 단어로 walk(걷다)와 같이 사용해 '무단 횡단하다'라는 의미로 사용해요.

Let's not jaywalk.(=Let's use the crosswalk.)
무단 횡단하지 말자.(=횡단보도로 건너자.)

04 backseat driver 운전자에게 계속 잔소리하는 사람

운전할 때 옆에서 계속 잔소리하거나 참견하는 사람을 비유적으로 '뒷좌석(backseat) 운전자'라고 말해요.

Ugh, you are such a backseat driver. 으윽, 너 진짜 잔소리쟁이야!

More Expressions

이번 UNIT 주제와 관련된 유용한 추가 표현들을 익혀 보세요.

01 Don't drink and drive! You will get a DUI.

음주 운전 하지 마! 그러다 음주 단속에 걸린다.

DUI는 Driving Under the Influence의 약자로 '음주 운전'이란 의미예요. 음주 단속에 걸렸을 때 get a DUI라는 표현을 사용해요.

02 I'm running out of gas. 기름 떨어져 간다.

「run out of + 명사」는 '~가 떨어져 가고 있다'라는 뜻이에요. of 뒤에 gas(기름) 외에도 time(시간), fuel(연료) 등을 넣어 말할 수 있어요.

03 Let's stop for gas on the way. 가면서 주유소 들르자.

stop for gas는 '기름을 넣기 위해 멈추다'라는 뜻이므로 이렇게 표현하면 gas station(주유소)이란 단어를 생략해서 말할 수 있어요.

04 This car is cutting me off. 이 차가 끼어드네.

cut somebody(something) off는 '~을 자르다'라는 의미죠? '줄에 끼어든다'라고 말할 때도 cut off를 써요.

05 This is a one-way street. We can't turn here.

여기 일방통행이야. 여기서 못 꺾어.

Practice

STEP 1 다음 우리말을 영어로 말해 보세요.

❶ 제한 속도 지켜!

❷ 저 사람 무단 횡단하고 있어.

❸ 음주 운전 하지 마! 그러다 음주 단속 걸린다.

❹ 가면서 주유소 들르자.

❺ 여기 일방통행이야.

STEP 2 음원을 들으며 상황 속에 들어가 직접 대답을 하며 대화를 이어가 보세요.

연습하기 09

Hey, stay within the speed limit! There's a traffic enforcement camera over there.

걱정하지 마! 나도 알아.

He's jaywalking. You must stop!

어이쿠, 잔소리 좀 그만해! 너 때문에 운전에 집중을 할 수가 없어.

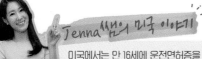

미국에서는 만 16세에 운전면허증을 딸 수 있어요. 그래서인지 고등학교 근처에 과속 딱지를 떼려고 기다리고 있는 경찰들이 꽤 있답니다. 또한 주말 저녁 대학교 기숙사 근처에는 음주 단속도 많답니다. 참고로 미국은 한국보다는 비교적 어린 나이에 면허를 딸 수 있는 것과 달리 음주는 만 21세 이상이 되어야 가능해요.

UNIT 10

대중교통 한 번만 환승하면 돼.

We only need to transfer once.

그 쇼핑몰에 가려면 버스를 타야 하나?
Should we take a bus to get to the mall?

Dialogue

대화를 듣고 따라하며 상황 속에서 표현을 익혀 보세요.

A **Should we take a bus to get to the mall?**
그 쇼핑몰에 가려면 버스를 타야 하나?

B **It's probably better to take the subway during rush hour. We only need to transfer once.**
(출)퇴근 시간에는 지하철을 타는 게 나을 거야. 한 번만 환승하면 돼.

음원 듣기 10

A **Alrighty then! Let's get going!**
그래! 그럼 출발하자!

B **Okay, but let me check the fastest route on the app to make sure.**
알았어, 그래도 앱으로 가장 빠른 경로를 한번 검색해 볼게.

단어는 245쪽에서 확인

Expressions

Dialogue에서 다룬 주요 표현들을 자세히 학습해 보세요.

01 take a transportation 교통수단을 타다

take는 뒤에 bus, subway, train, cab, plane, escalator 등의 교통수단과 같이 사용해 '~을 타다'라는 의미로 사용해요. 하지만 차를 운전하고 갈 때는 drive라는 단어를 사용해요.

Do you think taking the subway is faster than driving to the mall?
쇼핑몰에 전철 타고 가는 게 운전하고 가는 것보다 빠를까?

02 during rush hour (출퇴근) 혼잡 시간대, 러시아워

외래어로 '러시아워'라고도 자주 사용하는 단어 rush hour는 '출퇴근 시간에'라고 말할 땐 '~ 동안'이란 의미의 during과 같이 사용해요.

The subway gets jam-packed during rush hour.
출퇴근 시간에는 지하철이 꽉 차.

03 transfer 갈아타다, 환승하다

'옮기다, 이동하다'라고 흔히 알고 있는 transfer는 '(교통수단을) 갈아타다'라고 할 때도 사용해요.

Passengers traveling to Gupabal or Yangjae on the orange line may transfer at this station.
구파발이나 양재 방면으로 가실 고객은 이번 역에서 3호선으로 갈아타시기 바랍니다.

04 Let's get going! 출발하자!

'가자!'라고 말할 때 우리는 주로 Let's go!를 사용하죠. get going은 '가기 시작하다'라는 의미로, 가는 행동을 좀 더 강조한 뉘앙스로 사용할 수 있는 표현이에요.

More Expressions

이번 UNIT 주제와 관련된 유용한 추가 표현들을 익혀 보세요.

01 **Do you go to Namdaemun Market?** 이 버스 남대문까지 가나요?

02 **Which station should I transfer at?** 어느 역에서 환승해야 해?

'지하철역'을 말할 땐 station, '버스 정류장'을 말할 땐 stop이란 단어를 사용해요.

03 **You can get a discount when you transfer.**
환승하면 할인 받을 수 있어.

get a discount는 '할인을 받다'라는 의미예요.

04 **I don't want to get on a crowded bus.**
만원 버스는 타기 싫어.

'붐비는'이라는 뜻의 crowded를 bus 앞에 쓰면 '만원 버스'라는 의미가 돼요. crowded 대신 '꽉 들어찬'이란 뜻의 packed도 쓸 수 있어요.

05 **Which exit should I take?** 몇 번(어느) 출구로 나가야 해?

'출구로 나가다'라는 표현을 말할 때 동사 take와 함께 사용해서 take the exit이라고 해요.

06 **Could you check the bus arrival time on the app?**
앱으로 버스 오는 시간 확인해 줄래?

arrival time은 '도착 시간'이란 의미로 대중교통, 호텔, 비행기, 택배 등 여러 가지 상황에 사용할 수 있어요.

Practice

STEP 1 다음 우리말을 영어로 말해 보세요.

❶ 그 쇼핑몰에 가려면 버스를 타야 하나?

❷ 출발하자!

❸ 어느 역에서 환승해야 해?

❹ 만원 버스는 타기 싫어.

❺ 앱으로 버스 오는 시간 확인해 줄래?

STEP 2 음원을 들으며 상황 속에 들어가 직접 대답을 하며 대화를 이어가 보세요.

연습하기 10 

Should we take a bus to get to the mall?

(출)퇴근 시간에는 지하철을 타는 게 나을 거야. 한 번만 환승하면 돼.

Alrighty then! Let's get going!

알았어, 그래도 앱으로 가장 빠른 경로를 한번 검색해 볼게.

Jenna쌤의 미국 이야기

제가 살던 캘리포니아는 한국처럼 대중교통이 잘 되어 있지 않아요. 짧은 거리도 운전을 해 door-to-door로 이동해요. 운전을 못하면 발이 묶여 버리죠.

UNIT 11

직장 생활 마감일까지 끝낼 수 있어?

Can you get it done by the deadline?

내 몸이 열 개라도 모자랄 지경이야.
There aren't enough hours in the day.

Dialogue

대화를 듣고 따라하며 상황 속에서 표현을 익혀 보세요.

A **My boss wants me to work on this new project that he needs for next Wednesday.**
상사가 나에게 이 새 프로젝트를 맡겼는데 마감이 다음 주 수요일이야.

B **Can you get it done by the deadline?**
마감일까지 끝낼 수 있어?

음원 듣기 11

A **There aren't enough hours in the day.**
내 몸이 열 개라도 모자랄 지경이야.

B **Hang in there. You will get promoted soon once you are done with this project.**
조금만 더 힘내. 이 프로젝트만 끝내면 곧 승진할 거야.

단어는 246쪽에서 확인

Expressions

Dialogue에서 다룬 주요 표현들을 자세히 학습해 보세요.

01 get it done by ~ ~까지 끝내다

get it done은 finish(끝내다)와 같은 뜻이에요. '언제까지'라는 시점을 말할 땐 by와 같이 써요.

Hopefully, I get it done by tomorrow.
내일까지 끝낼 수 있길.

02 There aren't enough hours in the day.
내 몸이 열 개라도 모자랄 지경이야.

직역하면 '하루에 시간이 충분하지 않다'라는 뜻이에요. 즉 '너무 바쁘다'라는 의미겠죠?

There aren't enough hours in the day. I need help!
내 몸이 열 개라도 모자랄 지경이야. 나 좀 도와줘!

03 Hang in there. 조금만 더 힘내.

직장 동료나 친구들이 힘이 들어 포기하고 싶어 할 때 '힘내'라는 위로나 응원을 자주 하게 되죠? 그럴 때 사용하는 표현이에요.

Hang in there. You are almost done. 조금만 더 힘내. 거의 다 끝났어.

04 get promoted 승진하다

promote는 '홍보하다'라는 의미로 많이 알고 있는데 '승진시키다'라는 뜻도 있어요. 「get + promoted(과거분사)」 형태로 써야 '승진했다'라는 의미가 돼요.

Lisa got promoted recently. Lisa는 최근에 승진했어.

More Expressions

이번 UNIT 주제와 관련된 유용한 추가 표현들을 익혀 보세요.

01 You nailed it! 네가 해냈구나!

nail은 '손톱' 또는 '못'이라고 많이들 알고 계시죠? 동사로는 '못을 박다'라는 의미이지만 nail it이라고 말하면 '해내다, 성공하다, 합격하다'라는 뜻이 돼요.

02 Let's face it.

(불쾌한 사실, 현실, 상황을) 인정하자. / 받아들이자. / 직시하자.

face는 '얼굴'이란 뜻 외에도 '(상황에) 직면하다'라는 의미도 있어요. face it은 '(되든 안 되든) 부딪쳐 보다'라는 뜻이에요.

03 It's my bread and butter. 내 생계 수단이야.

bread and butter는 직역으로는 '빵과 버터'이지만 '밥벌이, 생계 수단'이란 뜻이에요.

04 I'm really flattered. (칭찬 들었을 때) 과찬이야. 비행기 태우지 마.

05 It's now or never. 지금 아니면 영영 기회가 없을 거야.

06 I'm doing the best I can. 난 최선을 다하는 중이야.

07 I work overtime every day. 난 요즘 매일 야근이야.

Practice

STEP 1 다음 우리말을 영어로 말해 보세요.

❶ 내 몸이 열 개라도 모자랄 지경이야.

❷ 네가 해냈구나!

❸ 비행기 태우지 마.

❹ 지금 아니면 영영 기회가 없을 거야.

❺ 난 요즘 매일 야근이야.

STEP 2 음원을 들으며 상황 속에 들어가 직접 대답을 하며 대화를 이어가 보세요.

연습하기 11

My boss wants me to work on this new project that he needs for next Wednesday.

마감일까지 끝낼 수 있어?

There aren't enough hours in the day.

조금만 더 힘내. 이 프로젝트만 끝내면 곧 승진할 거야.

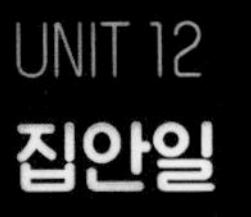

완전 난장판이네!
What a big mess!

내가 세탁기를 돌릴게.
I'll do the laundry.

Dialogue

대화를 듣고 따라하며 상황 속에서 표현을 익혀 보세요.

A **Holy moly! There is a big pile of laundry to do.**
세상에! 빨랫감이 산더미야.

B **There are so many dirty dishes piled up in the sink, too. What a big mess!**
싱크대에 설거지거리도 잔뜩 쌓여 있어. 완전 난장판이네!

음원 듣기 12

A **I'll do the laundry. Are you going to get this jacket dry-cleaned?**
내가 세탁기를 돌릴게. 이 재킷은 드라이클리닝 맡길 거지?

B **Yes. I'll do the dishes. We need to vacuum, too.**
응. 그럼 내가 설거지를 할게. 청소기도 좀 돌려야겠다.

단어는 246쪽에서 확인

Expressions

Dialogue에서 다룬 주요 표현들을 자세히 학습해 보세요.

01 a big pile of ~ / piled up ~ 큰 무더기, ~ 산더미 / 쌓여 있는

무엇인가가 잔뜩 쌓여 있을 때 '한 무더기' 또는 '산더미'라고 하죠? 그럴 때 영어로 a big pile of라는 표현을 써요. piled up은 쌓여 있는 상태를 나타내요.

There is a big pile of dirty dishes. 설거지거리가 산더미야.
Look at these papers piled up. 이 쌓여 있는 서류들 좀 봐.

02 What a big mess! 완전 난장판이네!(엉망진창이네!)

mess는 '엉망인 상태', '지저분한 상태'를 뜻해요. 이 지저분한 상태를 더 극대화할 때 big을 넣어 이렇게 표현해요.

What a big mess! Who did this? 완전 난장판이네! 누가 이랬어?

03 do the laundry / do the dishes 빨래하다 / 설거지하다

'하다'라는 의미의 do와 the laundry(세탁물, 빨랫감), the dishes(설거지감)를 합쳐 '빨래하다', '설거지하다'라고 표현해요.

I will do the laundry and you do the dishes. 내가 빨래할게, 너는 설거지해.

04 get ~ dry-cleaned ~을 드라이클리닝하다

dry-clean은 '드라이클리닝하다'라는 동사예요. '~을 드라이클리닝하다'라고 말할 때는 「get ~ dry-cleaned(과거분사)」 형태로 말해요.

I need to get my coat dry-cleaned. 내 코트는 드라이클리닝해야 돼.

More Expressions

이번 UNIT 주제와 관련된 유용한 추가 표현들을 익혀 보세요.

01 Could you split your laundry into lights and darks?
빨랫감을 밝은 거랑 어두운 거 구분해 줄래?

형용사 light(밝은)와 dark(어두운) 뒤에 s를 붙여 명사로 활용해요.

02 You have stains on your shirt. 너 셔츠에 얼룩 묻었어.

03 Your pants are all wrinkled. You should iron them.
너 바지 다 구겨졌어. 그거 다려야겠다.

wrinkled는 '주름이 있는, 구김살이 생긴'이란 뜻이에요. 얼굴의 주름, 바지의 주름 둘 다 이 단어를 사용해요.

04 Look at the crumbs all over the floor. 바닥에 부스러기 봐.

all over는 '곳곳에'라는 뜻이에요. 무언가 지저분한 게 바닥에 잔뜩 널려 있을 때 이 표현을 써서 강조할 수 있어요.

05 Look at the thick layer of dust on the shelves.
선반 위에 먼지 두껍게 쌓인 거 봐.

06 The drain is clogged with hair. 배수구가 머리카락으로 막혔어.

clog는 '막다'라는 뜻이에요. 그래서 '막혔다'라고 말하려면 be clogged라고 표현하면 돼요. 무엇으로 막혔는지까지 말하려면 뒤에 with를 붙여 표현해요.

Practice

STEP 1 다음 우리말을 영어로 말해 보세요.

❶ 빨랫감이 산더미야.

❷ 내가 세탁기를 돌릴게.

❸ 너 셔츠에 얼룩 묻었어.

❹ 너 바지 다 구겨졌어.

❺ 배수구가 머리카락으로 막혔어.

STEP 2 음원을 들으며 상황 속에 들어가 직접 대답을 하며 대화를 이어가 보세요.

연습하기 12

Holy moly! There is a big pile of laundry to do.

싱크대에 설거지거리도 잔뜩 쌓여 있어. 완전 난장판이네!

I'll do the laundry. Are you going to get this jacket dry-cleaned?

응. 그럼 내가 설거지를 할게. 청소기도 좀 돌려야겠다.

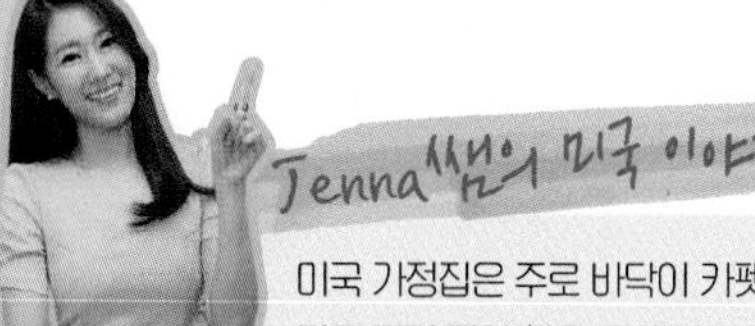

미국 가정집은 주로 바닥이 카펫으로 되어 있기 때문에 바닥에 먼지가 보이지 않아 청소기를 자주 돌려 줘야 해요. 그래서 스팀이 나오는 카펫 전용 물청소기를 가정에 구비해 놓고 사용하기도 합니다. 먼지 알레르기가 있다면 집을 구할 때 신중해야겠죠?

UNIT 13

음식 배달 우리 뭐 시켜 먹자.

Let's just order something for delivery.

피자 어때?
How about pizza?

Dialogue

대화를 듣고 따라하며 상황 속에서 표현을 익혀 보세요.

A **What do you want for dinner tonight?**
오늘 저녁에 뭐 먹을래?

B **Cooking is too much work. Let's just order something for delivery.**
요리하기 번거로워. 그냥 뭐 시켜 먹자.

음원 듣기 13

A **Sounds good to me. What's the fastest? How about pizza?**
좋은 생각이야. 뭐가 제일 빨리 오지? 피자 어때?

B **Okay. Pizza should be here within half an hour.**
그래. 피자는 30분 안에 올 거야.

단어는 246쪽에서 확인

Expressions

Dialogue에서 다룬 주요 표현들을 자세히 학습해 보세요.

01 What do you want for ~? 저녁에 뭐 먹을래?

'~로 뭘 원해?'라고 물을 때 「What do you want for + 명사?」 형태로 사용해요. 대화에 나온 것처럼 뭘 먹을지 물어볼 때 이 표현을 쓸 수 있어요.

What do you want for breakfast? 아침 뭐 먹을래?

02 too much work 귀찮은, 번거로운

too much work는 '일이 너무 많은'라는 의미이지만 '(할 게 너무 많아서) 귀찮은, 번거로운'이란 의미로도 써요.

Cooking is too much work. It takes too much time.
요리하기 귀찮아. 시간이 너무 많이 걸려.

03 order ~ for delivery ~을 배달 주문을 하다

order는 '주문하다'라는 의미로 order ~ for delivery라고 하면 '~을 배달 주문을 하다'라는 뜻이 돼요. 한국에서는 '테이크 아웃'이라고 말하는 '~을 포장 주문을 하다'는 order ~ for pickup이라고 해요.

I'd like to order a large combination pizza for delivery(pickup).
라지 콤비네이션 피자 하나 배달(포장) 주문을 하고 싶어요.

04 within half an hour 30분 내로

within은 '~ 안에'라는 뜻이에요. half an hour는 직역하면 '반 시간'이라는 뜻인데 thirty minutes(30분)와 같은 의미지만 좀 더 자주 사용하는 표현이에요.

Could you deliver within half an hour? 30분 안에 배달 가능한가요?

More Expressions

이번 UNIT 주제와 관련된 유용한 추가 표현들을 익혀 보세요.

01 I want something light. (저칼로리의) 간단한 거 먹고 싶어.

light은 무게를 말할 때 '가벼운'이란 뜻이지만 음식을 말할 때는 '간단한, 기름지지 않은'이란 의미예요. 반대로 '무거운'이란 뜻의 heavy는 '기름지고 탄수화물이 많은' 음식을 표현할 때 사용해요.

02 Let's order something not spicy. 맵지 않은 거 시키자.

형용사는 보통 명사를 앞에서 수식하지만 something, somebody, someone과 같은 부정대명사는 뒤에서 수식해요.

03 Let's pick something together on Coupang Eats.
쿠팡 이츠에서 같이 고르자.

04 Let's order something other than McDonald's.
/ Let's order anything except for McDonald's.
맥도날드 말고 딴 데서 시키자.

other than은 '~ 외에'라는 뜻으로 except for와 바꿔서 활용할 수 있어요.

05 Delivery is here. 배달 왔다.

Practice

STEP 1 다음 우리말을 영어로 말해 보세요.

❶ 오늘 저녁에 뭐 먹을래?

❷ 뭐가 제일 빨리 오지?

❸ 간단한 거 먹고 싶어.

❹ 맵지 않은 거 시키자.

❺ 배달 왔다.

STEP 2 음원을 들으며 상황 속에 들어가 직접 대답을 하며 대화를 이어가 보세요.

연습하기 13

What do you want for dinner tonight?

요리하기 번거로워. 그냥 뭐 시켜 먹자.

Sounds good to me. What's the fastest? How about pizza?

그래. 피자는 30분 안에 올 거야.

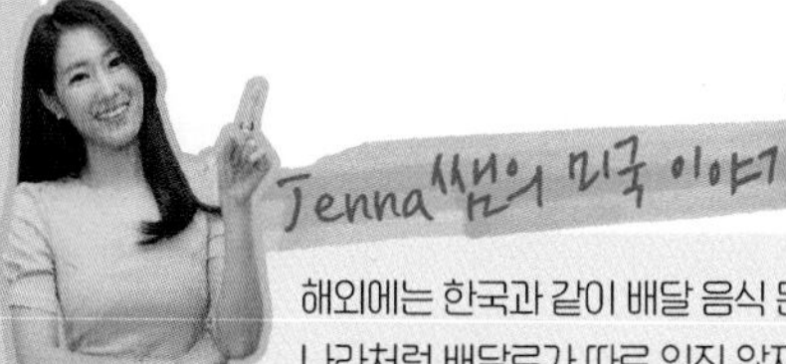

해외에는 한국과 같이 배달 음식 문화가 활발히 발달되어 있지 않아요. 배달을 시킬 경우 우리나라처럼 배달료가 따로 있진 않지만 배달원에게 아주 적게는 $3 또는 음식의 10-15% 정도의 tip은 챙겨 줘야 해요.

UNIT 14

요리

팬에 달라붙지 않게 잘 저어.

Make sure to stir well so they don't stick to the pan.

칼 조심해.
Be careful with the knife.

Dialogue

대화를 듣고 따라하며 상황 속에서 표현을 익혀 보세요.

A **Should I mince the garlic, slice the onion, and chop the meat into small pieces?**

마늘은 다지고, 양파는 채 썰고, 고기는 잘게 썰면 돼?

B **Yeah, be careful with the knife. I will boil water for pasta.**

응, 칼 조심해. 난 파스타 삶을 물 끓일게.

음원 듣기 14

A **Okay. Do you want me to stir-fry these until the pasta is ready?**

알았어. 그럼 파스타 익을 때까지 이거 볶고 있을까?

B **Yes, please! Make sure to stir well so they don't stick to the pan.**

그래, 부탁해! 대신 팬에 달라붙지 않게 잘 저어.

단어는 246쪽에서 확인

Expressions

Dialogue에서 다룬 주요 표현들을 자세히 학습해 보세요.

01 mince / slice / chop 다지다 / 채 썰다 / 썰다

mince는 주로 양념용으로 '갈다, 다지다', slice는 '얇게 채 썰다', chop은 '토막으로 잘게 썰다'라는 의미로 사용해요.

Could you mince the meat for me? I will slice one onion for salad and chop the other one for fried rice.
고기 좀 다져 줄래? 내가 양파 하나는 샐러드용으로 채 썰고 다른 하나는 볶음밥용으로 잘게 썰게.

02 into small pieces 조각조각

재료를 cut(자르다), chop(썰다)할 때 '조각조각'이란 의미의 into small pieces와 같이 써요.

I chopped the meat into small pieces for curry.
난 카레용으로 고기를 작은 조각으로 썰었어.

03 stir-fry / deep-fry 볶다 / 튀기다

'젓다'라는 뜻의 stir과 '튀기다'라는 뜻의 fry를 합성해서 '볶다'라는 의미로 사용해요. '깊은'이란 뜻의 deep과 fry를 합성하면 '튀기다'라는 뜻이니 비교해서 알아 두세요.

I will stir-fry the vegetables and meat together. Could you deep-fry the shrimp? 내가 야채랑 고기 같이 볶을게. 새우 좀 튀겨 줄 수 있어?

04 stick to the pan 팬에 달라붙다

stick to는 '~에 붙다'라는 뜻이에요. '팬에 달라붙다'라고 말할 때 이 표현을 써요. 팬에 달라붙지 않으려면 잘 저어야 하니까 stir(젓다)과 함께 자주 사용해요. ☆ Stir well! 잘 저어! Mix well! 잘 섞어!

Stir well so it doesn't stick to the pan. 팬에 달라붙지 않게 잘 저어.
Oh man, it is all stuck to the pan. 이런, 팬에 다 붙었어.

More Expressions

이번 UNIT 주제와 관련된 유용한 추가 표현들을 익혀 보세요.

01 I will air-fry instead of deep-frying the potatoes.

감자를 튀기지 않고 에어프라이기에 할게.

요즘 많이 사용하는 에어프라이기를 사용해 조리한다고 말할 때는 air-fry(공기로 튀기다)라고 표현해요.

02 You need to wash fresh produce under running water.

신선한 농산물은 흐르는 물에 씻어야 돼.

'수돗물', '흐르는 물'은 running water라고 표현해요. '흐르는 물에'라고 말할 때는 under running water라고 해요.

03 Let's use a colander to strain the vegetables.

소쿠리에 받쳐서 야채 물기 빼자.

물기를 채로 걸러 뺀다고 말할 때는 strain으로 표현해요. 명사로는 '거르개, 체'라는 뜻의 strainer라고 쓰는데 colander(소쿠리)보다는 입자가 작고, 크기도 작아 많은 용도로 사용할 수 있어요.

04 We shouldn't blanch vegetables too long.

야채는 물에 너무 오래 데치면 안 돼.

야채를 뜨거운 물에 데친다고 할 때는 blanch로 표현해요.

05 Let's marinate the meat overnight.

고기는 하룻밤 양념에 재워 두자.

고기나 생선을 양념에 재운다고 할 때는 marinate로 표현해요.

Practice

STEP 1 다음 우리말을 영어로 말해 보세요.

❶ 마늘은 다지고, 양파는 채 썰고, 고기는 잘게 썰면 돼?

❷ 그럼 파스타 익을 때까지 이거 볶고 있을까?

❸ 감자를 튀기지 않고 에어프라이기에 할게.

❹ 야채는 물에 너무 오래 데치면 안 돼.

❺ 고기는 하룻밤 양념에 재워 두자.

STEP 2 음원을 들으며 상황 속에 들어가 직접 대답을 하며 대화를 이어가 보세요.

연습하기 14

Should I mince the garlic, slice the onion, and chop the meat into small pieces?

응, 칼 조심해. 난 파스타 삶을 물 끓일게.

Okay. Do you want me to stir-fry these until the pasta is ready?

그래, 부탁해! 대신 팬에 달라붙지 않게 잘 저어.

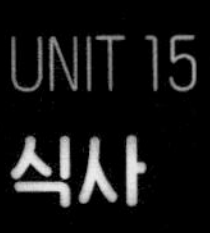

UNIT 15
식사

내가 먹어 본 불고기 중에 제일 맛있어!

It's the best bulgogi ever!

잘 먹는 거 보니 기분 좋다.
I'm happy to see you enjoying it.

대화를 듣고 따라하며 상황 속에서 표현을 익혀 보세요.

A **Yummy! It's the best bulgogi ever!**
진짜 맛있다! 내가 먹어 본 불고기 중에 제일 맛있어!

B **Really? I thought it was a little bland. I'm happy to see you enjoying it.**
진짜? 좀 싱거운 줄 알았더니. 잘 먹는 거 보니 기분 좋다.

음원 듣기 15

A **This meat is very juicy and tender. You are the best chef ever!**
고기가 정말 육즙이 많고 연해. 넌 최고의 요리사야!

B **Thank you! You can mix it with rice, too. Let me go get more rice.**
고마워! 밥에 비벼 먹어도 돼. 가서 밥 좀 더 가져올게.

단어는 247쪽에서 확인

Expressions

Dialogue에서 다룬 주요 표현들을 자세히 학습해 보세요.

01 yummy 맛있는

우리는 주로 '맛있다'라는 표현을 할 때 delicious라는 단어를 떠올리죠? 좀 더 캐주얼하게 두루두루 사용하는 표현으로 yummy, tasty가 있어요.

This chocolate cake is so yummy(=tasty)! 이 초콜릿 케이크 정말 맛있다!

02 bland 싱거운

bland는 '특징 없는, 단조로운'이란 의미로도 사용하지만, 맛을 표현할 때는 '자극적이지 않은, 싱거운'이란 의미로 사용해요.

This soup is tasteless. It's too bland. 이 국은 아무런 맛도 안 나. 너무 싱거워.

03 juicy / tender 육즙이 많은, 수분이 많은 / 연한

juicy라 하면 우리는 자연스럽게 juice(주스)의 상큼한 '수분감'을 떠올리는데요, 고기의 육즙이 많은 식감을 말할 때도 이 단어를 사용해요. tender는 '(고기 등이) 부드러운, 연한'이란 뜻이에요.

Do you know how to cook the meat so it's juicy and tender?
어떻게 고기를 육즙이 많고 부드럽게 요리하는지 알아?

04 mix A with B A와 B를 섞다

mix는 '섞다'라는 의미로 음식을 비비거나 섞거나 할 때 이 표현을 써요. 물감을 섞는다고 할 때도 사용할 수 있어요.

I mix rice with meat and assorted vegetables to make bibimbap.
밥과 고기, 다양한 야채를 섞어 비빔밥을 만들어.

More Expressions

이번 UNIT 주제와 관련된 유용한 추가 표현들을 익혀 보세요.

01 This meat is too tough and hard to chew.
이 고기는 너무 질겨서 씹기 힘들어.

tough는 '힘든, 어려운'이란 의미도 있지만, 고기의 식감을 말할 때 '질기다'라는 뜻으로 hard to chew와 같은 의미로 사용해요.

02 This is too soggy so I don't want to eat it.
이건 너무 눅눅해서 먹고 싶지 않아.

soggy는 '(과자가) 눅눅한, (국수가) 불은'이란 뜻이에요.

03 Could you pass me the salt? 소금 좀 건네줄래?

pass는 '지나가다, 통과하다'라는 의미로 많이 알고 있지만 뒤에 사물과 같이 사용하면 '~을 건네주다'라는 뜻이예요.

04 I can't eat any more because I'm stuffed.
이제 배불러서 더 못 먹겠어.

stuffed는 '잔뜩 먹은, 포식을 한'이란 의미로 full보다 배부른 정도를 강조한 표현이에요.

05 It looks really appetizing! I can't wait to dig in.
정말 군침이 돈다! 빨리 먹어 보고 싶어.

appetizing은 '먹음직스러워 보이는, 군침이 도는'이란 의미로 보기만 해도 이미 맛있다는 뉘앙스의 표현이에요.

06 Enjoy your meal. 맛있게 먹어. / 마음껏 먹어.

Practice

STEP 1 다음 우리말을 영어로 말해 보세요.

1. 진짜 맛있다! 내가 먹어 본 불고기 중에 제일 맛있어!
2. 이 고기는 너무 질겨서 씹기 힘들어.
3. 이건 너무 눅눅해서 먹고 싶지 않아.
4. 이제 배불러서 더 못 먹겠어.
5. 정말 군침이 돈다! 빨리 먹어 보고 싶어.

STEP 2 음원을 들으며 상황 속에 들어가 직접 대답을 하며 대화를 이어가 보세요.

연습하기 15

Yummy! It's the best bulgogi ever!

진짜? 좀 싱거운 줄 알았더니. 잘 먹는 거 보니 기분 좋다.

This meat is very juicy and tender. You are the best chef ever!

고마워! 밥에 비벼 먹어도 돼. 가서 밥 좀 더 가져올게.

UNIT 16
마트

나 이따가 마트에 식료품 사러 갈 거야.
I'm going grocery shopping later today.

쇼핑 목록은 챙긴 거지?
You got the shopping list, right?

Dialogue

대화를 듣고 따라하며 상황 속에서 표현을 익혀 보세요.

A **I'm going grocery shopping later today. Do you need anything?**
나 이따가 마트에 식료품 사러 갈 거야. 너 뭐 필요한 거 있어?

B **Hmm… I think fruit and milk? You got the shopping list, right?**
흠… 과일이랑 우유면 될 거 같은데? 쇼핑 목록은 챙긴 거지?

음원 듣기 16

A **Certainly, it is essential to prevent overspending.**
그럼, 과소비를 막으려면 쇼핑 목록은 필수지.

B **Great, don't forget to take the grocery bags!**
그래, 장바구니 가져가는 거 잊지 말고!

단어는 247쪽에서 확인

Expressions

Dialogue에서 다룬 주요 표현들을 자세히 학습해 보세요.

01 go grocery shopping 식료품을 사러 가다

grocery는 '식료품 잡화점'이란 의미예요. '쇼핑하러 가다'라는 뜻의 go shopping 사이에 grocery를 넣어 '식료품을 사러 가다, 장 보러 가다'라는 의미로 사용해요.

Do you enjoy going grocery shopping? 너 장 보러 가는 거 좋아해?
I don't have time to go grocery shopping today. 오늘은 장 볼 시간이 없어.

02 essential 필수적인

essential은 '필수적인, 기본적인'이란 의미로 important(중요한)와 유의어예요. 그 의미를 좀 더 강조할 때 이 표현을 써요.

It is essential to keep the prices competitive.
가격을 경쟁력 있게 유지하는 건 필수야.

03 prevent overspending 과소비를 막다

prevent는 '막다, 방지하다'라는 뜻으로 stop과 유의어예요. overspending(과소비, 낭비)이라는 단어와 같이 사용해 과소비를 막는다는 표현을 할 수 있어요.

How can I prevent overspending? 과소비를 어떻게 막을 수 있을까?

04 Don't forget to ~ ~을 잊지 마

「forget to + 동사」는 '~할 것을 잊어버리다'라는 의미예요. 부정 명령문으로 사용해 상대방에게 '~을 잊지 말고 반드시 해'라고 할 때 이 표현을 써요. 같은 의미로 「Be sure to + 동사」를 쓰기도 해요.

Don't forget to buy fruit and milk. 과일이랑 우유 사는 거 잊지 마.

More Expressions

이번 UNIT 주제와 관련된 유용한 추가 표현들을 익혀 보세요.

01 Where is the dairy section?

유제품 코너는 어디예요?

dairy는 '유제품'이란 뜻이에요. 그 밖에 마트에서 볼 수 있는 코너로 condiments(조미료), meat(육류), seafood(해산물), household supplies(가정 용품), baby products(유아 용품), frozen foods(냉동 식품), snacks(간식), personal care(개인 관리) 등이 있어요.

02 The seafood looks very fresh. 해산물 되게 싱싱해 보인다.

03 Could you go get a cart? 가서 카트 좀 가져올래?

04 This is buy one get one free. 이건 1+1이야.

05 I don't want this one. I will pay for the rest.

이건 빼고 계산할게요.

'이거 빼고 계산할게요.'는 except for this one을 사용해 I will pay except for this one.이라고 할 수 있지만, 계산원에게 빼고 싶은 물건을 건네주며 이건 원치 않는다고 말하고 '나머지(the rest)만 계산해 주세요'라고 하는 게 좀 더 자연스러워요.

Practice

STEP 1 다음 우리말을 영어로 말해 보세요.

❶ 나 이따가 마트에 식료품 사러 갈 거야.

❷ 유제품 코너는 어디예요?

❸ 이 해산물 되게 싱싱해 보인다.

❹ 가서 카트 좀 가져올래?

❺ 이건 1+1이야.

STEP 2 음원을 들으며 상황 속에 들어가 직접 대답을 하며 대화를 이어가 보세요.

연습하기 16

I'm going grocery shopping later today.
Do you need anything?

흠… 과일이랑 우유면 될 거 같은데? 쇼핑 목록은 챙긴 거지?

Certainly, it is essential to prevent overspending.

그래, 장바구니 가져가는 거 잊지 말고!

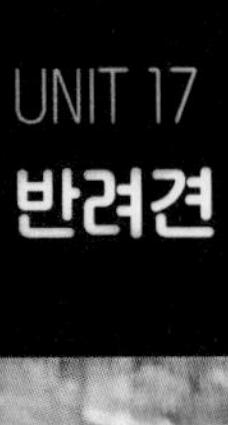
UNIT 17
반려견

요즘 반려동물 진짜 많이 키우는 거 같아.

It looks like many people have pets these days.

목줄 안 하고 산책시키는 거 불법 아니야?
Isn't it illegal to walk a dog off the leash?

Dialogue

대화를 듣고 따라하며 상황 속에서 표현을 익혀 보세요.

A **It looks like many people have pets these days.**
요즘 반려동물 진짜 많이 키우는 거 같아.

B **I went outside with Isabelle the other day and someone let her dog off the leash.**
며칠 전에 Isabelle이랑 밖에 나갔는데 어떤 사람이 개 목줄을 풀어 둔 거야.

음원 듣기 17

A **Isn't it illegal to walk a dog off the leash?**
목줄 안 하고 개를 산책시키는 거 불법 아니야?

B **Yeah, so I asked the owner to keep her dog on a leash.**
응, 그래서 주인한테 개에 목줄 좀 해 달라고 부탁했어.

단어는 248쪽에서 확인

Expressions

Dialogue에서 다룬 주요 표현들을 자세히 학습해 보세요.

01 **have a pet** 반려동물을 키우다

have는 '가지다, 있다'라는 의미로 주로 사용하지만 pet(반려동물)과 함께 사용하면 '(반려동물을) 키우다'라는 의미가 돼요.

Isabelle wants to have a pet. Isabelle은 반려동물 기르고 싶다.

02 **let ~ off the leash** ~의 목줄을 풀어 두다

off the leash는 '목줄을 풀은'이란 뜻이에요. '놓아 두다'라는 뜻의 let과 함께 쓰면 '목줄을 풀어 두다'라는 표현이 돼요.

John only lets his dog off the leash in his backyard.
John은 뒷마당에서만 개 목줄을 풀어 둬.

03 **walk a dog** 개를 산책시키다

walk는 스스로 걷거나 산책한다는 의미로 많이 쓰지만 산책시킨다고 말할 때 사용하기도 해요. 같은 의미로 take a walk with my dog, go for a walk with my dog도 쓸 수 있어요.

I walk my dog every day. 난 개를 매일매일 산책시켜.

04 **on a leash** 목줄에 묶여 있는

on a leash는 '목줄에 묶여 있는'이라는 뜻이에요. 반대로 '묶여 있지 않은'을 말할 땐 간단히 앞에 not을 넣어 표현할 수 있어요.

I have to put my dog on a leash when I go outside.
밖에 나갈 때 개에 목줄 해야 돼.

Watch out! That dog is not on a leash. 조심해! 저 개 목줄 안 하고 있어.

More Expressions

이번 UNIT 주제와 관련된 유용한 추가 표현들을 익혀 보세요.

01 I'm going to take Max for grooming today.

오늘 Max 미용실에 데려가려고.

grooming은 '몸단장, 차림새'란 뜻으로 많이들 알고 계시죠? '(동물의) 털 손질'이라는 뜻도 있어요.

02 Is Max up-to-date on his rabies vaccination?

Max 예방 접종은 다 했어요?

up-to-date는 '최근의, 최신의'라는 의미인데 뒤에 on을 붙여 쓰면 '~에 있어 최신의'라는 뜻이 돼요.

03 What breed is your dog? 개가 무슨 종이에요?

breed는 '품종'이란 의미로 '(개, 고양이, 가축의) 품종'을 말할 때 사용해요.

04 Does he(your dog) bite? 개가 무나요?

가족의 한 일원인 반려동물을 일컬을 때 it이라고 하지 않고 성별에 맞게 he 또는 she라고 표현해요.

05 My dog is not house-trained. 우리 개는 아직 대소변을 못 가려요.

반려동물의 배변 훈련을 house-training이라고 해요. '대소변을 가리는'이라는 표현은 house-trained라고 해요.

Practice

STEP 1 다음 우리말을 영어로 말해 보세요.

1. 요즘 반려동물 진짜 많이 키우는 거 같아.
2. 목줄 안 하고 개를 산책시키는 거 불법 아니야?
3. 오늘 Max 미용실에 데려가려고.
4. 개가 무슨 종이에요?
5. 우리 개는 아직 대소변을 못 가려요.

STEP 2 음원을 들으며 상황 속에 들어가 직접 대답을 하며 대화를 이어가 보세요.

연습하기 17

It looks like many people have pets these days.

며칠 전에 Isabelle이랑 밖에 나갔는데 어떤 사람이 개 목줄을 풀어 둔 거야.

Isn't it illegal to walk a dog off the leash?

응, 그래서 주인한테 개에 목줄 좀 해 달라고 부탁했어.

Chapter 2

Review

우리말을 보고 영어로 말해 보세요.

01 제한 속도 지켜!

02 이 차가 끼어드네.

03 우리 한 번만 환승하면 돼.

04 몇 번(어느) 출구로 나가야 해?

05 내 몸이 열 개라도 모자랄 지경이야.

06 난 요즘 매일 야근이야.

07 빨래감이 산더미야.

08 이 재킷은 드라이클리닝 맡길 거지?

09 배수구가 머리카락으로 막혔어.

10 그냥 뭐 시켜 먹자.

정답

01 Stay within the speed limit! 02 This car is cutting me off. 03 We only need to transfer once. 04 Which exit should I take? 05 There aren't enough hours in the day. 06 I work overtime every day. 07 There is a big pile of laundry to do. 08 Are you going to get this jacket dry-cleaned? 09 The drain is clogged with hair. 10 Let's just order something for delivery.

11 난 파스타 삶을 물 끓일게.

12 팬에 달라붙지 않게 잘 저어.

13 좀 싱거운 줄 알았더니.

14 정말 군침이 돈다! 빨리 먹어 보고 싶어.

15 나 이따가 마트에 식료품 사러 갈 거야.

16 유제품 코너는 어디예요?

17 이건 1+1이야.

18 요즘 반려동물 진짜 많이 키우는 거 같아.

19 개가 무슨 종이에요?

20 우리 개는 아직 대소변을 못 가려요.

---

11 I will boil water for pasta. 12 Make sure to stir well so they don't stick to the pan. 13 I thought it was a little bland. 14 It looks really appetizing. I can't wait to dig in. 15 I'm going grocery shopping later today. 16 Where is the dairy section? 17 This is buy one get one free. 18 It looks like many people have pets these days. 19 What breed is your dog? 20 My dog is not house-trained.

Jenna's 영어회화 꿀팁

afraid 잘 사용하기

1. 두려워하는, 무서워하는

❶ I'm afraid + of 명사

- **I'm afraid of height.** 난 고소공포증이 있어.
- **I'm afraid of water.** 난 물을 무서워해.

❷ I'm afraid + of 동명사

- **I'm afraid of going to the dentist.** 난 치과 가는 게 무서워.
- **I'm afraid of making mistakes.** 난 실수를 하는 게 두려워.

❸ I'm afraid + to 동사원형

- **I'm afraid to tell you the truth.** 난 진실을 말하는 게 두려워.
- **I'm afraid to sleep alone.** 난 혼자 자는 게 무서워.

2. 유감스러운

❶ I'm afraid + (that) 문장

- **I'm afraid (that) I have to say no.** (유감스럽지만) 거절해야겠다.
- **I'm afraid (that) I can't help you with that.**
  (유감스럽지만) 도와줄 수 없을 것 같아.
- **I'm afraid (that) I can't do that.** (유감스럽지만) 못 할 것 같아.
- **I'm afraid (that) I can't make it.** (유감스럽지만) 못 할(갈) 것 같아.
- **I'm afraid (that) our weekend trip is canceled.**
  (유감스럽지만) 주말 여행이 취소됐어.

제나쌤의 관련 유튜브 강의

Chapter 3

날씨

UNIT 18
봄나들이 날씨가 따뜻해지고 있어.
It's getting warmer.

내가 가장 좋아하는 계절이야!
My favorite season of the year!

Dialogue

대화를 듣고 따라하며 상황 속에서 표현을 익혀 보세요.

A **I love the smell of rain and the scent of flowers in spring.**
봄비 냄새랑 꽃 향기 정말 좋다.

B **Yeah, it's getting warmer, and I love spending time outside.**
응, 날씨도 따뜻해지고 있고 밖에서 시간을 보내는 게 정말 좋아.

음원 듣기 18

A **My favorite season of the year! Flowers bloom and leaves begin to grow.**
내가 가장 좋아하는 계절이야! 꽃이 피고 나뭇잎도 자라기 시작하고.

B **Speaking of which, do you wanna go see cherry blossoms this weekend?**
말이 나온 김에 우리 이번 주말에 벚꽃 보러 갈래?

단어는 248쪽에서 확인

Expressions

Dialogue에서 다룬 주요 표현들을 자세히 학습해 보세요.

01 get warmer 따뜻해지다

「get + 비교급」은 '점점 ~하다'라는 상태 변화를 뜻해요. get warmer(점점 따뜻해지다), get colder(점점 추워지다), get older(점점 나이가 들다)도 자주 쓰는 표현이니 함께 익혀 두세요.

It's getting colder. 점점 추워지고 있어.

02 love ~ing ~하는 걸 정말 좋아하다

정말 좋아하는 일을 말할 때 쓸 수 있는 표현이에요.

I love traveling in spring. 난 봄에 여행하는 거 좋아해.

03 bloom / grow 피다 / 자라다

bloom은 '꽃'이란 의미도 있지만 '꽃을 피우다, 꽃이 피다'라는 뜻의 동사로 사용하기도 해요. 식물이 자란다고 할 때는 grow를 사용해요.

Do you know what flowers bloom in spring? 봄에 무슨 꽃이 피는지 알아?

Cacao trees only grow in tropical countries.
카카오 나무는 열대 지방에서만 자라.

04 speaking of which 말이 나온 김에

speaking of which는 이미 언급된 주제에 대해 말을 이어갈 때 사용해요. which 대신에 명사를 넣기도 해요.

Speaking of which, how is your business going?
얘기가 나와서 말인데, 네 사업은 어떻게 되어 가고 있어?

Speaking of Jenna, she is coming back to Korea this week.
Jenna 얘기가 나와서 말인데, 걔 이번 주에 한국으로 돌아온대.

More Expressions

이번 UNIT 주제와 관련된 유용한 추가 표현들을 익혀 보세요.

01 The days get longer and the nights get shorter.
낮은 길어지고 밤은 짧아졌어.

「get + 비교급」은 '점점 ~하다'라는 뜻인 거 기억하시죠?

02 It is still cold due to the last cold snap.
꽃샘추위 때문에 아직도 춥다.

cold snap은 '일시적 한파'라는 의미예요. '마지막'이란 뜻의 the last와 같이 사용하면 '마지막으로 찾아온 일시적 한파' 즉, '꽃샘추위'가 돼요.

03 Grace seems to have spring fever and I have hay fever. Grace는 봄을 타는 것 같고 난 꽃가루 알레르기가 있어.

spring fever는 '춘곤증'이란 의미인데 '봄을 탄다'고 말할 때도 사용해요. hay fever는 '꽃가루 알레르기'란 의미예요. 두 표현 다 have(있다)를 사용해 말해요.

04 We should get out of the house and enjoy the breeze and the sunshine. 집에서 나와 산들바람이랑 햇살을 즐겨야지.

get out of는 '~에서 나오다'라는 의미로 of 뒤에 장소를 넣어 사용해요.

05 We should enjoy the warmth before the summer heat kicks in. 더운 여름이 시작되기 전에 따뜻함을 즐겨야 돼.

kick in은 '(무언가의) 효과가 나타나기 시작하다'라는 의미로 많이 사용하지만 이 문장과 같이 '더위가 시작된다' 즉 start(시작하다)와 같은 의미로도 쓸 수 있어요.

Practice

STEP 1 다음 우리말을 영어로 말해 보세요.

❶ 봄비 냄새랑 꽃 향기 정말 좋다.

❷ 꽃이 피고 나뭇잎도 자라기 시작하고.

❸ 낮은 길어지고 밤은 짧아졌어.

❹ 꽃샘추위 때문에 아직도 춥다.

❺ 더운 여름이 시작되기 전에 따뜻함을 즐겨야 돼.

STEP 2 음원을 들으며 상황 속에 들어가 직접 대답을 하며 대화를 이어가 보세요.

연습하기 18 

I love the smell of rain and the scent of flowers in spring.

응, 날씨도 따뜻해지고 있고 밖에서 시간을 보내는 게 정말 좋아.

My favorite season of the year! Flowers bloom and leaves begin to grow.

말이 나온 김에 우리 이번 주말에 벚꽃 보러 갈래?

UNIT 19

장마

밖에 비가 쏟아지고 있어.

It's pouring outside.

빨리 비 좀 그쳤으면 좋겠다.
I hope the rain stops soon.

Dialogue

대화를 듣고 따라하며 상황 속에서 표현을 익혀 보세요.

A **It's pouring outside. I got soaking wet.**
밖에 비가 억수같이 쏟아지고 있어. 쫄딱 젖었네.

B **I can't believe this weather! It's been raining the whole day today.**
날씨 장난 아니다! 오늘 하루 종일 비가 오네.

음원 듣기 19

A **Seriously. Let's turn on the dehumidifier. I feel sticky.**
그러게. 제습기 좀 켜자. 몸이 끈적거려.

B **Sure. I hope the rain stops soon.**
그래. 빨리 비 좀 그쳤으면 좋겠다.

단어는 248쪽에서 확인

Expressions

Dialogue에서 다룬 주요 표현들을 자세히 학습해 보세요.

01 pour 비가 억수같이 쏟아지다

pour은 '(물, 주스, 소스 등을) 붓다'라는 의미로 많이 알고 계시죠? 하지만 '마구 쏟아지다, 퍼붓다'라는 뜻이 있어서 비가 아주 많이 온다고 할 때 이 표현을 사용해요.

The rain is pouring down in buckets.
비가 억수같이 (양동이로 퍼붓는 것처럼) 쏟아져.

02 get soaking wet 쫄딱 젖다

'젖었다'라는 뜻의 get wet과 '흠뻑 젖은'이란 의미의 soaking을 같이 사용해 비를 쫄딱 맞은 상황을 표현할 수 있어요.

I got caught in a downpour and got soaking wet.
난 폭우를 만나서 흠뻑 젖었어.

03 the whole day 하루 종일

whole은 '모든, 전체의'란 뜻이에요. 앞에는 관사 the와, 뒤에는 명사와 같이 사용해 '그 명사의 전체'라는 의미를 강조해요.

I spent the whole day reading yesterday. 난 어제 하루 종일 책을 읽었어.
I finished the whole book. 난 그 책을 다 읽었어.

04 feel sticky 끈적거리다

sticky는 '끈적끈적한, 달라붙는'이라는 뜻인데요, 장마철에 몸이 끈적끈적하고 찝찝한 기분을 말할 때 이 표현을 써요.

I feel so sweaty and sticky in the rainy season.
장마철에는 땀도 나고 끈적거려.

More Expressions

이번 UNIT 주제와 관련된 유용한 추가 표현들을 익혀 보세요.

01 It is the rainy season. 장마야.

rainy season, wet season, monsoon season은 모두 '장마'라는 뜻이에요.

02 It's been raining on and off all day.

비가 하루 종일 오락가락하네.

on and off는 '불규칙하게, 때때로' 즉, '오락가락'이란 의미예요.

03 Let's stay inside until the rain lets up.

비 그칠 때까지 안에 있자.

let up은 '약해지다, 누그러지다'라는 뜻으로 비가 서서히 그쳐갈 때 이 표현을 쓸 수 있어요.

04 It's drizzling outside. 밖에 비가 부슬부슬 내리고 있어.

drizzle은 부슬부슬 내리는 가랑비를 나타내는 표현이에요. It을 주어로 써서 '비가 부슬부슬 내린다'라고 말할 수 있어요.

05 Take an umbrella. I think it's going to rain later.

우산 챙겨. 이따 비 올 거 같아.

be going to는 '~할 것이다'라는 의미죠? rain(비가 오다)과 같이 사용해 비가 올 것이라는 추측을 나타낼 수 있어요. 같은 의미로 It looks like rain.(비가 올 것 같다.)이라는 표현을 사용해요.

Practice

STEP 1 다음 우리말을 영어로 말해 보세요.

❶ 밖에 비가 억수같이 쏟아지고 있어.

❷ 몸이 끈적거려.

❸ 비가 하루 종일 오락가락하네.

❹ 밖에 비가 부슬부슬 내리고 있어.

❺ 이따 비 올 거 같아.

STEP 2 음원을 들으며 상황 속에 들어가 직접 대답을 하며 대화를 이어가 보세요.

연습하기 19 

It's pouring outside. I got soaking wet.

날씨 장난 아니다! 오늘 하루 종일 비가 오네.

Seriously. Let's turn on the dehumidifier. I feel sticky.

그래. 빨리 비 좀 그쳤으면 좋겠다.

Jenna쌤의 미국 이야기

한국에서는 비가 오면 우산을 쓰고 빨리 걸어가죠. 미국에는 비가 와도 느긋느긋한 편인 데다가 우산도 잘 쓰지 않아요. 비를 조금이라도 맞기 싫어하는 우리와 조금 다르죠?

UNIT 20
무더위

폭염이 오래가네.
It's a long heatwave.

오늘 정말 덥고 습하다.
It's very hot and humid today.

Dialogue

대화를 듣고 따라하며 상황 속에서 표현을 익혀 보세요

A **It's very hot and humid today. I feel all sticky and sweaty.**
오늘 정말 덥고 습하다. 온몸이 땀으로 끈적거려.

B **Right. I've been sweating non-stop by doing nothing.**
맞아. 가만히 있어도 땀이 줄줄 흘러.

음원 듣기 20

A **It's a long heatwave. Can you turn on the air conditioner?**
폭염이 오래가네. 에어컨 좀 켜 줄 수 있어?

B **Certainly. I can't live without an A/C in this heat.**
물론. 이 더위엔 에어컨 없이 못 살겠어.

단어는 248쪽에서 확인

Expressions

Dialogue에서 다룬 주요 표현들을 자세히 학습해 보세요.

01 hot and humid / sticky and sweaty
덥고 습한 / 땀으로 끈적거리는

여름에 정말 자주 사용하는 표현이에요. hot and humid(덥고 습한)와 sticky and sweaty(땀으로 끈적거리는)는 짝꿍처럼 알아 두면 유용하게 사용할 수 있어요.

This summer is very hot and humid. 이번 여름은 정말 덥고 습해.
The weather makes us feel sticky and sweaty. 날씨 때문에 땀으로 끈적거려.

02 sweat non-stop 땀이 계속(쉬지 않고) 흐르다

non-stop은 '계속해서'라는 뜻이에요. '땀을 흘리다'라는 의미의 sweat과 같이 사용해 더위를 느끼는 정도를 강조해요.

You are sweating non-stop. Why don't you go take a shower?
너 땀이 줄줄 흐른다. 가서 샤워하는 게 어때?

03 heatwave 폭염

heatwave는 heat(열)와 wave(파도)의 합성어로 '폭염, 열파'라는 의미예요. 특별한 주의가 필요할 때 폭염 경보 메시지를 받곤 하죠?

I just received a heatwave alarm(=alert) message.
나 방금 폭염 경보 메시지 받았어.

04 can't live without ~ ~ 없이 못 살아

우리가 자주 말하는 '~ 없이 못 살아'라고 할 때 쓸 수 있는 표현이에요.

What is something you absolutely can't live without?
넌 없으면 절대 살 수 없는 게 뭐야?

More Expressions

이번 UNIT 주제와 관련된 유용한 추가 표현들을 익혀 보세요.

01 It's sweltering hot. 숨 막히듯이 더워.

sweltering은 '찌는 듯이' 또는 '후덥지근한'이란 뜻으로 hot 앞에 써서 얼마나 더운지 강조할 때 쓸 수 있어요.

02 It's scorching hot. 타는 듯이 더워.

역시 얼마나 더운지 강조하는 표현인 scorching은 '태워 버릴 듯이'란 의미로 hot 앞에 쓸 수 있어요. 그 밖에 burning, baking과 같은 표현도 hot 앞에 써서 더위를 강조할 수 있어요.

03 We are in the dog days of summer.
여름 중에 가장 덥고 불쾌한 시기이야.

dog days of summer는 '무더위, 복중 더위'란 뜻이에요. 우리말로 흔히 '삼복'이라고 하죠?

04 I feel so dehydrated. 나 완전 탈수 증세야.

dehydrated는 hydrated(수화한, 수분이 공급된)의 반의어로 '탈수 증세를 보이는'이란 뜻이에요.

05 It's suffocating in here. / I feel suffocated in here.
여기 숨 막힌다.

suffocate은 '질식하다'라는 뜻으로 많이들 알고 계시죠? 일상에서 가볍게 사용할 때는 '숨 막힌다, 답답하다'라는 의미로도 사용해요.

06 It's like an oven in here. 여기 오븐 같아.

Practice

STEP 1 다음 우리말을 영어로 말해 보세요.

❶ 오늘 정말 덥고 습하다.

❷ 에어컨 좀 켜 줄 수 있어?

❸ 타는 듯이 더워.

❹ 나 완전 탈수 증세야.

❺ 여기 숨 막힌다.

STEP 2 음원을 들으며 상황 속에 들어가 직접 대답을 하며 대화를 이어가 보세요.

연습하기 20 

It's very hot and humid today. I feel all sticky and sweaty.

맞아. 가만히 있어도 땀이 줄줄 흘러.

It's a long heatwave. Can you turn on the air conditioner?

물론. 이 더위엔 에어컨 없이 못 살겠어.

UNIT 21

환절기

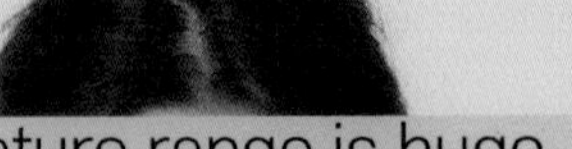
일교차가 커.

일교차가 커.

The daily temperature range is huge.

옷 좀 따뜻하게 입어.
You should bundle up.

Dialogue

대화를 듣고 따라하며 상황 속에서 표현을 익혀 보세요.

A **The daily temperature range is huge. Be careful not to catch a cold.**
일교차가 커. 감기 걸리지 않게 조심해.

B **Yeah, it's still hot during the day, but chilly in the morning and evening.**
응, 낮에는 아직도 더운데 아침저녁으로 쌀쌀하더라.

A **You should bundle up. Did you get a flu shot?**
옷 좀 따뜻하게 입어. 너 독감 예방 주사는 맞았니?

B **No, not yet. I shouldn't put it off till later.**
아니, 아직. 더 미루면 안 되겠어.

음원 듣기 21

단어는 249쪽에서 확인

Expressions

Dialogue에서 다룬 주요 표현들을 자세히 학습해 보세요.

01 The daily temperature range is huge. 일교차가 커.

daily temperature(일일 기온)와 range(폭)를 같이 사용하면 '일교차'라는 의미가 돼요. 일교차가 크다는 의미로 huge 대신 big을 쓰기도 해요.

Don't forget to take your jacket. The daily temperature range is huge(=big). 재킷 가져가는 거 잊지 마. 일교차가 커.

02 hot during the day, chilly in the morning and evening 낮에는 덥고, 아침저녁으로 쌀쌀한

during은 '~ 동안'이라는 뜻이에요. '낮 동안'은 during the day라 표현하고 아침, 오후, 저녁은 '~에'라는 의미의 in과 함께 말해요.

I wear short sleeves because it's still hot during the day. But it gets pretty chilly in the morning and evening.
낮에는 아직 더워서 짧은 소매를 입어. 근데 아침저녁으로 꽤 쌀쌀해.

03 bundle up 옷을 껴입다

bundle은 동사로 '~을 싸다'라는 뜻이 있어요. 그래서 bundle up이라고 하면 '따뜻하게 옷 껴입어, 꽁꽁 싸매'라는 표현이 돼요.

It's getting pretty cold outside. Make sure to bundle up.
밖에 점점 추워진다. 따뜻하게 옷 껴입어.

04 get a flu shot 독감 예방 주사를 맞다

flu shot은 '독감 예방 주사'라는 의미로 동사 get과 같이 사용해요.

Where can I get a flu shot? 독감 예방 주사 어디서 맞을 수 있어?

More Expressions

이번 UNIT 주제와 관련된 유용한 추가 표현들을 익혀 보세요.

01 **Winter is just around the corner.**
겨울이 곧 오려고 해.

just around the corner는 장소를 주어로 사용하면 '바로 근처에'라는 의미지만 어떤 시기나 상황을 주어로 쓰면 '코앞에 닥친'이라는 의미가 돼요.

02 **It's easy to catch a cold during the change of seasons.**
환절기에는 감기에 걸리기 쉬워.

change of seasons는 직역으로 '계절의 변화'라는 의미죠? 즉, '환절기'라는 뜻이에요.

03 **Let me go grab a jacket.** 가서 재킷 좀 가지고 올게.

04 **The weather is unpredictable.** 날씨가 너무 변덕스러워.

05 **My dry skin gets worse during the change of seasons.**
환절기에 건성 피부가 더 심해져.

06 **I keep sneezing and have a runny nose.**
재채기가 자꾸 나고 콧물도 나.

Practice

STEP 1 다음 우리말을 영어로 말해 보세요.

❶ 일교차가 커.

❷ 옷 좀 따뜻하게 입어.

❸ 환절기에는 감기에 걸리기 쉬워.

❹ 날씨가 너무 변덕스러워.

❺ 재채기가 자꾸 나고 콧물도 나.

STEP 2 음원을 들으며 상황 속에 들어가 직접 대답을 하며 대화를 이어가 보세요.

연습하기 21

The daily temperature range is huge. Be careful not to catch a cold.

응, 낮에는 아직도 더운데 아침저녁으로 쌀쌀하더라.

You should bundle up. Did you get a flu shot?

아니, 아직. 더 미루면 안 되겠어.

UNIT 22

한파

난 추위를 못 견디겠어.

I can't stand the cold.

Dialogue

대화를 듣고 따라하며 상황 속에서 표현을 익혀 보세요.

A **Oh my gosh, it's freezing today. I'm shivering.**
세상에, 오늘 너무 춥다. 몸이 덜덜 떨려.

B **I can't stand the cold. Look how many layers I'm wearing.**
난 추위를 못 견디겠어. 내가 옷을 몇 겹이나 입고 있는지 봐 봐.

음원 듣기 22

A **I'm wearing long johns, too. I can't wait for the winter to pass.**
나도 내복 입고 있어. 겨울이 빨리 지나갔으면 좋겠다.

B **I heard it's going to snow tomorrow. Be careful not to slip on the icy roads.**
내일 눈 온다고 들었어. 빙판길에서 미끄러지지 않게 조심해.

단어는 249쪽에서 확인

Expressions

Dialogue에서 다룬 주요 표현들을 자세히 학습해 보세요.

01 It's freezing (cold). 너무 춥다.

freezing은 '꽁꽁 얼게 추운'이란 의미예요. It's freezing만 써도 되고 뒤에 cold(추운)를 붙여 써도 돼요. 비슷한 표현으로 biting(살을 에는 듯한, 얼얼한), bone-chilling(뼈가 시리는), icy(얼음같이 찬)를 cold 앞에 넣어 추운 정도를 강조할 때 사용해요.

It's freezing in this room. Could you turn on the heater?
이 방 너무 춥다. 히터 좀 켤 수 있어?

02 I'm shivering. 몸이 덜덜 떨려.

shiver는 '(몸을) 떨다'라는 뜻이에요. 추워서 몸이 으슬으슬, 오들오들 떨릴 때 이 표현을 써요.

☆같은 의미의 표현! I'm shaking!

I should've put on more layers. Can you see that I'm shivering like crazy? 옷 좀 더 껴입을 걸. 나 완전 오들오들 떨리는 거 보여?

03 can't stand ~ ~을 견딜 수 없다(~가 너무 싫다)

우리가 '서다'라는 뜻으로 많이 알고 있는 stand는 '견디다, 참다'란 의미도 있어서 '~을 참을 수 없다'라고 할 때 이 표현을 써요.

I can't stand the heat. 난 더위를 못 참겠어.
I can't stand it anymore. 더는 못 참겠어.

04 long johns 내복

long johns는 '내복, 내의'라는 뜻이에요. 같은 뜻으로 inner wear, thermal wear, thermals라는 표현도 써요.

I wear long johns in the winter. They keep me warm.
난 겨울에 내복 입어. 입으면 따뜻해.

More Expressions

이번 UNIT 주제와 관련된 유용한 추가 표현들을 익혀 보세요.

01 **It's below zero. It is about minus 5 degrees today.**
기온이 영하야. 오늘 영하 5도 정도 돼.

02 **It's snowing heavily. The streets are all covered with snow.** 함박눈 내린다. 거리가 온통 눈으로 뒤덮였어.

heavily는 '심하게, 아주 많이'라는 의미로 비나 눈이 아주 많이 올 때 그 정도를 강조하기 위해 써요. be covered with는 '~으로 뒤덮이다'라는 의미로 눈으로 뒤덮인 풍경을 표현할 때 사용해요.

03 **I've been wearing a long padded coat throughout the winter.** 겨우내 긴 패딩만 입었어.

우리가 추운 겨울에 정말 자주 입는 패딩은 영어로 padding이 아니라 padded coat 또는 padded jacket이라고 해요.

04 **I always put hand warmers in my jacket to keep my hands warm.** 난 손 따뜻하라고 항상 재킷 안에 손난로를 넣고 다녀.

겨울에 실외에서 생활할 때 손을 따뜻하게 해주는 '손난로'를 hand warmer(s)라고 해요.

05 **Touchscreen gloves are very convenient.**
스마트폰 터치 장갑 정말 편해.

06 **I heard the flu is going around.** 독감이 유행이래.

go around는 '돌다'라는 의미로 '(루머나 전염병이) 퍼지고 있다'는 느낌의 표현이에요.

Practice

STEP 1 다음 우리말을 영어로 말해 보세요.

1. 몸이 덜덜 떨려.
2. 나도 내복 입고 있어.
3. 함박눈 내린다.
4. 겨우내 긴 패딩만 입었어.
5. 독감이 유행이래.

STEP 2 음원을 들으며 상황 속에 들어가 직접 대답을 하며 대화를 이어가 보세요.

연습하기 22

Oh my gosh, it's freezing today. I'm shivering.

난 추위를 못 견디겠어. 내가 옷을 몇 겹이나 입고 있는지 봐 봐.

I'm wearing long johns, too. I can't wait for the winter to pass.

내일 눈 온다고 들었어. 빙판길에서 미끄러지지 않게 조심해.

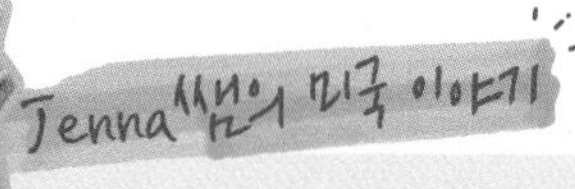

한국에는 보일러를 틀면 바닥이 뜨끈뜨끈해지죠? 미국에는 온돌 개념이 없고 공기를 데워 주는 히터를 사용해요. 더운 바람이 천장이나 바닥에 설치되어 있는 히터에서 나와요. 그래서 피부 건조주의보를 조심해야 한답니다.

Chapter 3

Review

우리말을 보고 영어로 말해 보세요.

01 날씨가 따뜻해지고 있어.

02 말이 나온 김에 우리 이번 주말에 벚꽃 보러 갈래?

03 꽃샘추위 때문에 아직도 춥다.

04 Grace는 봄을 타는 것 같아.

05 밖에 비가 퍼붓고 있어.

06 몸이 끈적거려.

07 비가 하루 종일 오락가락하네.

08 밖에 비가 부슬부슬 내리고 있어.

09 가만히 있어도 땀이 줄줄 흘러.

10 이 더위엔 에어컨 없이 못 살겠어.

정답

01 It's getting warmer. 02 Speaking of which, do you wanna go see cherry blossoms this weekend? 03 It is still cold due to the last cold snap. 04 Grace seems to have spring fever. 05 It's pouring outside. 06 I feel sticky. 07 It's been raining on and off all day. 08 It's drizzling outside. 09 I've been sweating non-stop by doing nothing. 10 I can't live without an A/C in this heat.

11 타는 듯이 더워.

12 나 완전 탈수 증세야.

13 일교차가 커.

14 옷 좀 따뜻하게 입어.

15 겨울이 곧 오려고 해.

16 날씨가 너무 변덕스러워.

17 몸이 덜덜 떨려.

18 난 추위를 못 견디겠어.

19 겨우내 긴 패딩만 입었어.

20 독감이 유행이래.

---

11 It's scorching hot. 12 I feel so dehydrated. 13 The daily temperature range is huge. 14 You should bundle up. 15 Winter is just around the corner. 16 The weather is unpredictable. 17 I'm shivering. 18 I can't stand the cold. 19 I've been wearing a long padded coat throughout the winter. 20 I heard the flu is going around.

Jenna's 영어회화 꿀팁

a와 the 감 잡기!

관사는 한국어에 없어서 늘 헷갈리죠? 이번 기회에 같이 정리해 볼까요?

관사 명사 앞에 놓여 가벼운 제한을 가하는 말

❶ **부정관사 a/an:** 불특정하고 부정확한 것을 나타내며 주로 처음으로 화제에 오르는 보통 명사의 단수형에 써요.

❷ **정관사 the:** 특정하고 정확한 것을 나타내며 이미 화제에 올랐던 명사 앞에 써요.

- **Let's read a book.** 같이 책 읽자. (특정하지 않은 그냥 책 한 권)
- **Let's read the book.** 같이 그 책 읽자. (말하는 사람과 듣는 사람 모두 알고 있는 특정한 책)

정관사 활용법

- **the + 형용사(~한 사람들):** the rich 부자들, the famous 유명인들
- **the + 형용사(~한 것):** the beautiful 아름다운 것, the lovely 사랑스러운 것
- **유일하거나 특별한 것 앞:** the Earth, the Moon, the Sun, the president
- **방향 앞:** the east, the west, the right, the left
- **문맥이나 상황상 서로 알고 있는 걸 말할 때:** Can you turn on the A/C?

❸ **관사를 쓰지 않는 경우**

식사, 액체, 언어, 스포츠, 과목, 대륙, 나라(the UK, the US는 예외), 도시, 도로, 항구, 역, 공항 이름 앞에는 관사를 쓰지 않아요.

- **Let's have breakfast.** 우리 아침 먹자.
- **I'm studying English.** 난 영어를 공부하는 중이야.
- **She is good at math/science/history.** 그녀는 수학/과학/역사를 잘해.
- **I live in Asia/Korea/Seoul/Gangnam.** 난 아시아/한국/서울/강남에 살아.
- **Let's meet at Incheon airport at 3 o'clock.** 인천 공항에서 3시에 만나자.

제나쌤의 관련 유튜브 강의

Chapter 4

미용

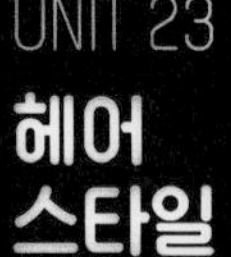

UNIT 23

헤어 스타일

갈라진 데만 살짝 다듬고 싶어요.

I want to trim the split ends a little bit.

머리는 어떻게 해드릴까요?

How would you like your hair?

Dialogue

대화를 듣고 따라하며 상황 속에서 표현을 익혀 보세요.

A **When was your last haircut?**

마지막으로 머리를 자르신 게 언제예요?

B **I don't remember exactly. I think it's been almost 3 or 4 months.**

정확히 기억은 안 나요. 한 3-4개월 정도 된 거 같아요.

음원 듣기23

A **I see. How would you like your hair?**

알겠습니다. 머리는 어떻게 해드릴까요?

B **I want to keep the length but trim the split ends a little bit. I don't look good with short hair.**

길이는 유지하고 끝에 갈라진 데만 살짝 다듬고 싶어요. 전 짧은 머리가 안 어울리거든요.

단어는 249쪽에서 확인

Expressions

Dialogue에서 다룬 주요 표현들을 자세히 학습해 보세요.

01 How would you like ~? ~는 어떻게 해드릴까요?

How would you like ~?는 '~은 어떻게 해드릴까요?'라는 뜻이에요. 미용실뿐만 아니라 식당에서 스테이크 (익힌 정도), 계란 (요리법) 등을 물을 때도 자주 사용해요.

How would you like your hair cut? 머리 어떻게 잘라 드릴까요?
How would you like your hair styled? 머리 모양 어떻게 해드릴까요?

02 keep the length 길이를 유지하다

keep(유지하다)과 length(길이)를 같이 사용해 '길이를 유지하다'라는 뜻이 돼요.

I want to keep the length but freshen it up.
길이는 유지하고 깔끔하게 정리 좀 하고 싶어요.

03 trim the split ends 갈라진 (머리카락) 끝을 다듬다

trim은 머리를 '다듬다'라는 뜻이에요. cut(자르다)과 다르게 '살짝 자른다'라는 의미죠? split ends(갈라진 머리카락 끝)와 함께 자주 사용하는 표현이에요.

Could you trim the split ends a little bit? 갈라진 끝만 살짝 다듬어 주실래요?

04 look good with ~ ~가 잘 어울린다

look good with는 어떤 머리 스타일이 잘 어울린다고 말할 때 쓸 수 있는 표현이에요. '~가 더 잘 어울린다'라고 하려면 good의 비교급인 better를 넣어 말해요.

You look good with short hair. I look better with long hair.
너 짧은 머리 잘 어울린다. 나는 긴 머리가 더 잘 어울려.

More Expressions

이번 UNIT 주제와 관련된 유용한 추가 표현들을 익혀 보세요.

01 I would like to have my hair thinned out.

머리 숱을 치고 싶어요.

「have (something) p.p.」는 '~을 어떻게 되게 하다'라는 의미로, '머리를 어떻게 해주세요'라고 할 때 쓸 수 있는 표현이에요. thinned out은 숱을 치는 걸 말하는데 그 자리에 permed(파마하고), dyed(염색하고) 등을 넣어 말할 수 있어요.

02 Could you cut it with layers? 층지게 잘라 주세요.

cut with layers 또는 cut in layers는 '층지게 자르다'라는 의미예요.

03 Curl the ends of my hair when you blow dry, please.

머리 드라이하실 때 끝을 말아 주세요.

blow dry는 드라이기를 사용해 '(머리를) 드라이하다'라는 뜻이에요. 자연적으로 말리는 것은 air dry라고 해요.

04 Could you part my hair on the right side?

가르마를 오른쪽으로 타 주실래요?

05 I would like to get my roots done. / I would like to get my roots touched up. 뿌리 염색을 하고 싶어요.

Practice

STEP 1 다음 우리말을 영어로 말해 보세요.

❶ 마지막으로 머리를 자르신 게 언제예요?

❷ 머리는 어떻게 해드릴까요?

❸ 머리카락을 염색하고 싶어요.

❹ 가르마를 오른쪽으로 타 주실래요?

❺ 뿌리 염색을 하고 싶어요.

STEP 2 음원을 들으며 상황 속에 들어가 직접 대답을 하며 대화를 이어가 보세요.

연습하기 23

When was your last haircut?

정확히 기억은 안 나요. 한 3-4개월 정도 된 거 같아요.

I see. How would you like your hair?

길이는 유지하고 끝에 갈라진 데만 살짝 다듬고 싶어요. 전 짧은 머리가 안 어울리거든요.

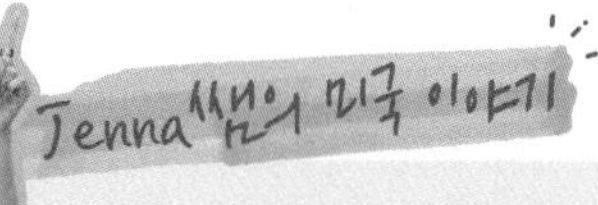

한국에는 팁 문화가 외국처럼 오래되지 않았죠? 미국에서는 머리를 하고 서비스 만족도에 따라 15-20% 정도 팁을 줘요. 예전에는 주로 현금으로 팁을 주곤 했지만, 요즘은 신용 카드 결제 시 팁을 적는 란이 따로 있어요.

UNIT 24

피부 관리 요즘 피부가 너무 거칠어졌어.

My skin has been so dehydrated these days.

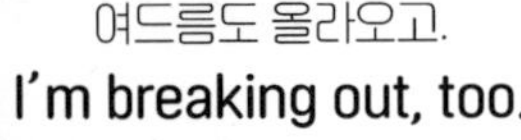

여드름도 올라오고.
I'm breaking out, too.

대화를 듣고 따라하며 상황 속에서 표현을 익혀 보세요.

A **My skin has been so dehydrated these days. I'm breaking out, too.**

요즘 피부가 너무 거칠어졌어. 여드름도 올라오고.

B **Same here. I think it's because of the dry weather. Why don't you try the dermatologist I go to?**

나도 그래. 날씨가 건조해서 그런 거 같아. 내가 다니는 피부과 한번 가 볼래?

음원 듣기 24

A **I don't feel comfortable going to the dermatologist because I always end up spending at least hundreds of thousands of won.**

피부과 가면 늘 수십만 원은 기본으로 쓰게 되니까 좀 부담스러워.

B **You can say that again. Drink lots of water and keep your skin moisturized first.**

네 말이 맞아. 일단 물 많이 마시고 수분 크림을 듬뿍 발라 봐.

단어는 250쪽에서 확인

Expressions

Dialogue에서 다룬 주요 표현들을 자세히 학습해 보세요.

01 break out 여드름이 나다

우리는 '여드름'이라 하면 pimple 또는 acne라고 많이 알고 있죠? break out은 '발생하다'라는 의미인데 '여드름이 난다'고 할 때 간단히 이 표현을 써요.

I'm still breaking out in my 40s. 나 40대인데 아직도 여드름 나.
I keep breaking out on my forehead(chin). 이마(턱)에 계속 뭐가 나.

02 the dermatologist 피부과 (전문의)

dermatologist는 '피부과 전문의'라는 의미로 '피부과에 가다'라고 할 땐 go to the dermatologist라는 표현을 써요.

I'm going to the dermatologist this afternoon. 오늘 오후에 피부과 갈 거야.

03 hundreds of thousands of ~ 수십만의 ~

hundreds of thousands는 '수십만'이란 의미로 of 뒤에 명사(years, people, dollars, won, etc)를 사용해요.

It costs me at least hundreds of thousands of won to get a facial treatment.
피부 관리 한 번 받는 데 적어도 수십만 원은 들어.

04 keep one's skin moisturized 피부의 수분을 유지하다

우리는 주로 '수분 크림 듬뿍 발라'라는 의미로 '피부를 촉촉하게 유지해'라는 말을 대신하죠. 그럴 때 이렇게 표현해요.

It is important to keep your skin moisturized.
피부에 수분을 유지하는 게 중요해.

More Expressions

이번 UNIT 주제와 관련된 유용한 추가 표현들을 익혀 보세요.

01 **I'm starting to see more wrinkles.** 요즘 주름이 늘었어.

02 I have **combination skin.** 내 피부는 복합성이야.

모든 증상을 말할 때 공통적으로 사용하는 표현이죠? 「I have + 상태/증상」을 잘 익혀 두세요! 자신의 피부 상태에 따라 oily(지성의), dry(건성의)를 넣어 말할 수 있어요.

03 **You must wear** sunscreen **before you go outside.**
밖에 나가기 전에 선크림을 꼭 발라야 해.

선크림은 영어로 sunscreen(=sunblock)이라고 해요.

04 **You would need to remove your makeup** thoroughly**.**
화장은 꼼꼼히 지워야 해.

thoroughly는 '완전히, 철저히'라는 의미예요.

05 **You need to remove dead skin cells regularly.**
각질을 주기적으로 제거해야 해.

06 **I'm having a bad makeup day today.**
오늘따라 화장이 잘 안 받는다.

Practice

STEP 1 다음 우리말을 영어로 말해 보세요.

1. 요즘 피부가 너무 거칠어졌어. 여드름도 올라오고.
2. 내 피부는 복합성이야.
3. 화장은 꼼꼼히 지워야 해.
4. 각질을 주기적으로 제거해야 해.
5. 오늘따라 화장이 잘 안 받는다.

STEP 2 음원을 들으며 상황 속에 들어가 직접 대답을 하며 대화를 이어가 보세요.

연습하기 24

My skin has been so dehydrated these days. I'm breaking out, too.

나도 그래. 날씨가 건조해서 더 그런 거 같아. 내가 다니는 피부과 한번 가 볼래?

I don't feel comfortable going to the dermatologist because I always end up spending at least hundreds of thousands of won.

네 말이 맞아. 일단 물 많이 마시고 수분 크림을 듬뿍 발라 봐.

UNIT 25

다이어트 나 최근에 5kg나 쪘어.

I've put on 5 kilograms recently.

야식을 끊어야 하는데.
I need to cut out late-night snacking.

Dialogue

대화를 듣고 따라하며 상황 속에서 표현을 익혀 보세요.

A **Looks like you put on weight.**
너 살 좀 찐 거 같아.

B **I've put on 5 kilograms recently. I need to cut out late-night snacking.**
나 최근에 5kg나 쪘어. 야식을 끊어야 하는데.

음원 듣기 25

A **I want to get rid of my love handles, too.**
나도 이 허리 군살 좀 없애고 싶어.

B **Let's work out together to burn some fat.**
우리 같이 운동해서 지방을 태워버리자.

단어는 250쪽에서 확인

Expressions

Dialogue에서 다룬 주요 표현들을 자세히 학습해 보세요.

01 put on weight 체중이 늘다, 살찌다

put on은 옷이나 화장품 등을 '몸에 걸치다, 바르다'라고 할 때 많이 사용하는데 이 표현을 '체중, 무게'를 뜻하는 weight과 같이 사용하면 '체중이 늘다'라고 말할 수 있어요.

I put on a little weight over the summer. 여름 동안 체중이 약간 늘었어.

02 cut out late-night snacking 야식을 끊다

cut out은 '잘라내다, 끊다'라는 뜻으로 stop과 같은 의미로 써요. 뒤에 late-night snacking(야식)을 써서 '야식을 끊다'라는 표현을 할 수 있어요.

I'm telling you. You have to cut out late-night snacking to lose weight. 정말이야. 너 살 빼려면 야식 끊어야 돼.

03 love handles / muffin top 허리 군살 / 튀어나온 뱃살

love handles는 직역으로 '사랑의 손잡이'지만 '허리 군살'을 의미해요. 추가로 바지를 입었을 때 허리 위로 튀어나오는 (뱃)살을 말할 땐 muffin top이란 표현을 써요.

John used to be in good shape, but now he's got love handles.
He needs to lose his muffin top.
John은 몸이 좋았었는데 이제는 허리 군살이 생겼어. 걔는 튀어나온 뱃살 좀 빼야 돼.

04 work out vs. exercise 운동하다

헬스장(gym)에서 하는 웨이트 트레이닝 같은 운동은 work out이라 하고, 조깅, 산책, 수영, 체조 같은 신체 활동을 통틀어 exercise(운동, 운동하다)라 표현해요.

It's hard to work out at a gym every day. 매일 헬스하는 건 힘들어.
Jogging is good exercise, too. 조깅도 좋은 운동이야.

More Expressions

이번 UNIT 주제와 관련된 유용한 추가 표현들을 익혀 보세요.

01 I just can't kill my food cravings.

식욕을 참을 수가 없어.

kill은 '죽이다'라는 뜻인데 food cravings(식욕)과 함께 쓴 이 표현에서는 control의 '통제하다'와 같은 의미로 사용되었어요.

02 I'm going on a diet starting today.

오늘부터 다이어트 시작할 거야.

go on은 '시작하다'라는 뜻으로 diet(다이어트)와 같이 사용해 '다이어트를 시작하다'라는 표현이 돼요.

03 I need to cut down on my calorie intake.

칼로리 섭취량을 줄여야 돼.

cut down on은 '~을 줄이다'라는 뜻이에요.

04 You are what you eat. 네가 뭘 먹느냐가 중요해.

직역으로 '당신이 먹는 것이 곧 당신이 돼요.'라는 의미예요.

05 I need to tone up my body before summer.

여름 전에 탄력 있는 몸매로 만들어야 돼.

tone up은 '~을 단련하다, ~을 강하게 하다'라는 뜻으로 body(몸)와 같이 사용해 '탄력 있게 하다'라는 표현이 돼요.

Practice

STEP 1 다음 우리말을 영어로 말해 보세요.

❶ 너 살 좀 찐 거 같아.

❷ 나도 이 허리 군살 좀 없애고 싶어.

❸ 식욕을 참을 수가 없어.

❹ 오늘부터 다이어트 시작할 거야.

❺ 칼로리 섭취량을 줄여야 돼.

STEP 2 음원을 들으며 상황 속에 들어가 직접 대답을 하며 대화를 이어가 보세요.

연습하기 25 

Looks like you put on weight.

나 최근에 5kg나 쪘어. 야식을 끊어야 하는데.

I want to get rid of my love handles, too.

우리 같이 운동해서 지방을 태워버리자.

UNIT 26
온라인 쇼핑

40% 할인 중이야.
It is on sale for 40% off.

완전 거저네!
That's a steal!

Dialogue

대화를 듣고 따라하며 상황 속에서 표현을 익혀 보세요.

A **Look! This dress is only $10.**
봐! 이 원피스 10달러밖에 안 해.

B **That's a steal! You should get it.**
완전 거저네! 너 그거 사야겠다.

A **It is on sale for 40% off. Darn it! My size is out of stock.**
40% 할인 중이야. 이런! 내 사이즈는 재고가 없네.

음원 듣기 26

B **How about the one below? That would look good on you.**
그 아래에 있는 건 어때? 너한테 잘 어울릴 거 같아.

단어는 250쪽에서 확인

Expressions

Dialogue에서 다룬 주요 표현들을 자세히 학습해 보세요.

01 That's a steal! 완전 거저네! / 공짜나 마찬가지네!

steal은 '훔치다, 도둑질하다'라는 뜻인데 너무 싸서 '거저나 마찬가지네.'라고 할 때 명사 형태로 이 표현을 써요.

It only costs 10 dollars. That's a steal! 10달러밖에 안 해. 완전 거저네!

02 on sale for 40 % off 40% 할인 중인

on sale은 '할인 중인'이라는 뜻이에요. 얼마만큼 할인 중인지를 나타내려면 for 뒤에 할인율이나 할인된 가격을 붙여 말할 수 있어요.

It's on sale for 50% off. 50% 할인 중이야.
It's on sale for only 20 dollars. 할인해서 20달러밖에 안 해.

03 out of stock / in stock 품절인(재고가 떨어진) / 재고가 있는

out of stock은 '재고가 떨어진'이라는 뜻이에요. 반대로 '재고가 있는'은 in stock이라는 표현을 사용해요.

We are afraid we're currently out of stock. They will be back in stock next Monday.
죄송하지만 현재 재고가 없어요. 다음 주 월요일에 다시 입고돼요.

04 look good on someone ~에게 잘 어울린다

무엇이 누구에게 잘 어울리는지를 나타낼 때 쓸 수 있는 표현이에요. 주어 자리에는 '무엇'을, on 뒤에는 '누구'를 넣어 말하면 돼요.

That shirt looks good on you. 그 셔츠 너한테 잘 어울린다.

More Expressions

이번 UNIT 주제와 관련된 유용한 추가 표현들을 익혀 보세요.

01 You can find things at a cheaper price online.

온라인에서 더 싼 가격으로 물건을 살 수 있어.

02 I can save on gas and don't need to wait in long lines to check out.

기름값 안 들고 계산할 때 긴 줄 서서 기다릴 필요도 없어.

save on은 '(연료)를 절약하다'라는 뜻이고 wait in a line은 '줄 서서 기다리다'라는 뜻이에요.

03 I read customer reviews before making a purchase.

나는 구매하기 전에 고객들 후기를 읽어.

make a purchase는 buy와 같은 의미로 '물건을 사다, 구매를 하다'라는 뜻이에요.

04 If I place an order before midnight, it will be delivered to my doorstep by 7 A.M. the next day.

자정 전에 주문하면 다음 날 아침 7시까지 문 앞으로 배달돼.

05 They provide same-day or next-day delivery service.

거기는 당일 배송이나 익일 배송 서비스를 제공해.

Practice

STEP 1 다음 우리말을 영어로 말해 보세요.

❶ 40% 할인 중이야.

❷ 내 사이즈는 재고가 없네.

❸ 온라인에서 더 싼 가격으로 물건을 살 수 있어.

❹ 나는 구매하기 전에 고객들 후기를 읽어.

❺ 거기는 당일 배송이나 익일 배송 서비스를 제공해.

STEP 2 음원을 들으며 상황 속에 들어가 직접 대답을 하며 대화를 이어가 보세요.

연습하기 26

Look! This dress is only $10.

완전 거저네! 너 그거 사야겠다.

It is on sale for 40% off. Darn it! My size is out of stock.

그 아래에 있는 건 어때? 너한테 잘 어울릴 거 같아.

Chapter 4

Review

우리말을 보고 영어로 말해 보세요.

01 머리는 어떻게 해드릴까요?

02 길이는 유지하고 끝에 갈라진 데만 살짝 다듬고 싶어요.

03 전 짧은 머리가 안 어울리거든요.

04 머리 숱을 치고 싶어요.

05 가르마를 오른쪽으로 타 주실래요?

06 요즘 피부가 너무 거칠어졌어.

07 내가 다니는 피부과 한번 가 볼래?

08 내 피부는 복합성이야.

09 각질을 주기적으로 제거해야 해.

10 오늘따라 화장이 잘 안 받는다.

정답

01 How would you like your hair? 02 I want to keep the length but trim the split ends a little bit. 03 I don't look good with short hair. 04 I would like to have my hair thinned out. 05 Could you part my hair on the right side? 06 My skin has been so dehydrated these days. 07 Why don't you try the dermatologist I go to? 08 I have combination skin. 09 You need to remove dead skin cells regularly. 10 I'm having a bad makeup day today.

11 너 살 좀 찐 거 같아.

12 나 최근에 5kg나 쪘어.

13 야식을 끊어야 하는데.

14 나도 이 허리 군살 좀 없애고 싶어.

15 오늘부터 다이어트 시작할 거야.

16 완전 거저네!

17 40% 할인 중이야.

18 내 사이즈는 재고가 없네.

19 온라인에서 더 싼 가격으로 물건을 살 수 있어.

20 나는 구매하기 전에 고객들 후기 읽어.

---

11 Looks like you put on weight. 12 I've put on 5 kilograms recently. 13 I need to cut out late-night snacking. . 14 I want to get rid of my love handles, too. 15 I'm going on a diet starting today. 16 That's a steal! 17 It is on sale for 40% off. 18 My size is out of stock. 19 You can find things at a cheaper price online. 20 I read customer reviews before making a purchase.

Jenna's 영어회화 꿀팁

기왕이면 정중하게! I was wondering if ~

상대방에게 질문이나 부탁을 할 때 기왕이면 정중하고 공손하게 말하면 듣는 사람도 더 기분이 좋겠죠? 그럴 때 만능 패턴인 I was wondering if ~를 사용해요. 특히 예의를 갖춰야 하는 사이인 경우 부드럽게 돌려서 물어볼 때 아주 유용하게 쓸 수 있는 패턴이에요. 과거형인 was를 썼더라도 현재 시제를 나타내요. if 뒤에 오는 문장도 과거형으로 시제를 맞춰 써야 합니다. 그럼 다양한 문장으로 연습해 볼까요?

I was wondering if + 주어 + 동사의 과거 시제

- I was wondering if I could get/have your number.
  혹시 너 전화번호 좀 알 수 있을까?
- I was wondering if you were seeing/dating someone.
  혹시 만나는 사람 있어?
- I was wondering if I could ask you out (on a date) tonight.
  오늘 저녁에 데이트 신청해도 돼?
- I was wondering if I could ask you a favor.
  부탁 하나 할 수 있을까?
- I was wondering if we could change the appointment time.
  약속 시간을 바꿀 수 있을까요?
- I was wondering if I could borrow 10 dollars.
  10달러만 빌릴 수 있을까?
- I was wondering if you could give me a refund.
  환불해 주실 수 있나요?
- I was wondering if you could help me find my size.
  제 사이즈를 찾는 걸 좀 도와줄 수 있을까요?

제나쌤의 관련 유튜브 강의

Chapter 5

건강

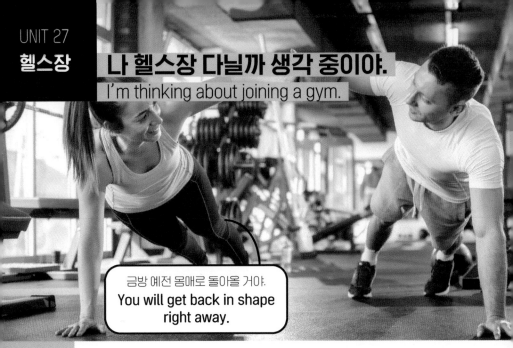

UNIT 27
헬스장

나 헬스장 다닐까 생각 중이야.

I'm thinking about joining a gym.

금방 예전 몸매로 돌아올 거야.
You will get back in shape right away.

Dialogue

대화를 듣고 따라하며 상황 속에서 표현을 익혀 보세요.

A **I'm thinking about joining a gym to lose weight.**
나 살 빼려고 헬스장 다닐까 생각 중이야.

B **That's a good idea. If you work out, you will get back in shape right away.**
좋은 생각이야. 넌 운동하면 금방 예전 몸매로 돌아올 거야.

음원 듣기 27

A **There's a yoga class at the gym, so I'm going to try that out, too. Do you want to join me?**
헬스장에 요가 수업도 있다고 해서 그것도 한번 해 보려고. 너도 나랑 같이 할래?

B **Maybe I should just go with you to use the treadmill.**
난 그냥 너랑 같이 가서 러닝 머신이나 해야겠어.

단어는 251쪽에서 확인

Expressions

Dialogue에서 다룬 주요 표현들을 자세히 학습해 보세요.

01 join a gym 헬스장에 등록하다(다니다)

join은 '가입하다, 등록하다'라는 뜻이에요. 같은 의미로 sign up for를 쓸 수 있어요. 헬스장은 health club이 아니라 gym이라고 하는 거 다들 알고 계시죠?

I'm going to join a gym to work out.
= I'm going to sign up for a gym. 나 운동하게 헬스장 등록하려고.

02 get back in shape 예전 몸매를 되찾다, 다시 건강해지다

get back은 '돌아오다'라는 뜻이에요. '건강한, 날씬한 상태'란 의미의 in shape과 같이 사용해 '예전의 몸매를 되찾다'라는 표현이 돼요.

I want to get back in shape before my friend's wedding.
난 친구 결혼식 전에 예전 몸매를 되찾고 싶어.

03 try something out ~을 시도(시험)해 보다

try out은 무언가를 시작하거나 구매하기 전에 '시험적으로 시도해 보다, 한번 사용해 보다'라는 의미예요.

I'm going to try out a yoga class before I sign up.
난 등록하기 전에 요가 수업 먼저 들어 보려고.

04 treadmill 러닝 머신

우리가 흔히 말하는 '러닝 머신(running machine)'은 영어로 treadmill이라고 해요.

I'm going to use the treadmill for 20 minutes.
난 20분 동안 러닝 머신을 할 거야.

I'm running on the treadmill right now. I will call you back.
나 지금 러닝 머신에서 뛰고 있어. 내가 다시 전화할게.

More Expressions

이번 UNIT 주제와 관련된 유용한 추가 표현들을 익혀 보세요.

01 The first thing I do **when I get to the gym** is **warm up.**
헬스장에 도착하면 제일 먼저 몸을 풀어.

우선적으로 해야 할 일을 말할 때 정말 자주 사용하는 표현이에요. '제일 먼저 하는 일은 ~야' 라는 뜻으로 is 뒤에 무엇을 제일 먼저 하는지 동사원형으로 말하면 돼요.

02 **I** do cardio **for half an hour before I start weight training.** 난 웨이트 트레이닝 시작 전에 30분 동안 유산소 운동을 해.

do cardio는 '유산소 운동을 하다'라는 의미예요.

03 **I** do squats **every day to** build muscle **and to** burn calories **fast.**
난 근육을 만들고 칼로리를 빨리 태우기 위해 매일 스쿼트를 해.

'스쿼트를 하다'는 do squats, '근육을 키우다'는 build muscle, '칼로리를 태우다'는 burn calories로 표현해요.

04 **I** sit all day **at work and don't** get enough exercise**.**
하루 종일 앉아서 일하고 충분히 운동을 못 해.

sit all day (long)는 '하루 종일 앉아있다'라는 의미예요. exercise(운동하다)는 동사로 사용하기도 하는데 명사로 사용할 땐 주로 get(받다)이나 do(하다)와 같이 표현해요.

05 **I am working out with a personal trainer twice a week these days.** 나 요즘 일주일에 두 번 PT 받고 있어.

Practice

STEP 1 다음 우리말을 영어로 말해 보세요.

1. 나 살 빼려고 헬스장 다닐까 생각 중이야.
2. 그것도 한번 해 보려고.
3. 난 근육을 만들고 칼로리를 빨리 태우기 위해 매일 스쿼트를 해.
4. 하루 종일 앉아서 일하고 충분히 운동을 못 해.
5. 나 요즘 일주일에 두 번 PT 받고 있어.

STEP 2 음원을 들으며 상황 속에 들어가 직접 대답을 하며 대화를 이어가 보세요.

연습하기 27

I'm thinking about joining a gym to lose weight.

좋은 생각이야. 넌 운동하면 금방 예전 몸매로 돌아올 거야.

There's a yoga class at the gym, so I'm going to try that out, too. Do you want to join me?

난 그냥 너랑 같이 가서 러닝 머신이나 해야겠어.

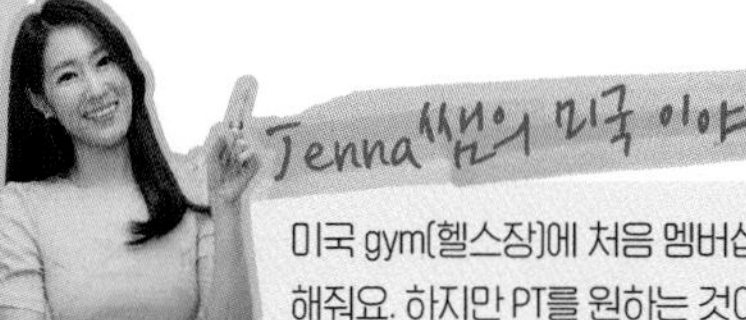

미국 gym(헬스장)에 처음 멤버십을 가입하면 트레이너가 식단 관리부터 운동법까지 가이드를 해줘요. 하지만 PT를 원하는 것이 아니라면 원치 않는다고 말을 해야 추가 비용을 청구하지 않아요. 또한 어린 아이들을 돌봐 주는 공간이 따로 마련되어 있는 곳도 많아서 엄마, 아빠가 운동하는 동안 아이들을 맡길 수 있어요.

UNIT 28
진찰

몸이 별로 좋지 않아요.
I'm not feeling very well.

How long have you had these symptoms?

Dialogue

대화를 듣고 따라하며 상황 속에서 표현을 익혀 보세요.

A **I'm not feeling very well. I have a cough, a sore throat, and a runny nose.**
몸이 별로 좋지 않아요. 기침이 나고 목도 아프고 콧물도 나요.

B **How long have you had these symptoms?**
이런 증상이 얼마나 되셨어요?

음원 듣기 28

A **About two days now.**
이제 이틀 정도 됐어요.

B **Looks like you've got the flu. Make sure to drink lots of water and get plenty of rest.**
독감에 걸리신 거 같아요. 반드시 물을 많이 마시고 푹 쉬세요.

단어는 251쪽에서 확인

Expressions

Dialogue에서 다룬 주요 표현들을 자세히 학습해 보세요.

01 I'm not feeling very well. 몸이 별로 좋지 않아요.

몸 상태나 기분이 좋지 않을 때 feel(느끼다, 들다)이라는 단어를 사용해 not feeling very well이라고 말해요. 비슷한 뜻으로 feel under the weather라는 표현도 자주 사용한답니다.

I don't think I can go to work today. I'm not feeling very well. (=I'm feeling under the weather.) 오늘 출근 못할 것 같아요. 몸이 별로 안 좋아요.

02 have a + cough / sore throat / runny nose / fever
기침이 나다 / 목이 아프다 / 콧물이 나다 / 열이 나다

어딘가 아픈 증상을 말할 때 '가지다, 있다'의 의미의 have와 같이 표현을 해요.

I have a cough, a sore throat, a runny nose, and a fever.
기침이 나고, 목도 아프고, 콧물도 나고, 열도 있어요.

03 How long have you had ~? ~이 얼마나 되셨어요?

how long의 '얼마나 오래'라는 뜻과 과거에 일어난 일이 현재까지 계속되는 걸 나타내는 현재완료 「have + p.p.」의 의문문을 더해 어떤 일이 얼마나 지속되었는지 물어볼 수 있어요.

How long have you had this pain? 이 통증이 생긴 지 얼마나 됐죠?

04 get the flu 독감에 걸리다

get은 '얻다'라는 뜻이죠? the flu(독감)와 같이 사용해 '걸리다'라는 의미가 돼요.

I think I got the flu from my daughter last week.
지난주에 딸한테 독감 옮은 거 같아.

More Expressions

이번 UNIT 주제와 관련된 유용한 추가 표현들을 익혀 보세요.

01 **Let me take your temperature.** 체온 좀 잴게요.

02 **I caught a cold. / I'm coming down with a cold.**
난 감기에 걸렸어.

'감기에 걸리다'라고 말할 때 주로 catch(get, have) a cold라는 표현을 자주 사용하지만 be coming down with a cold도 같은 의미로 사용해요.

03 **I'll write you a prescription.** 처방전 써 드릴게요.

write ~ a prescription은 '~에게 처방전을 써 주다'라는 뜻이에요.

04 **Take antibiotics three times a day for 5 days.**
항생제는 하루에 세 번 5일 동안 복용하세요.

'하루에 ~번'이라는 의미로 once / twice / ~ times a day라고 해요. day 대신 month를 쓰면 '한 달에 ~번', year을 쓰면 '일 년에 ~번'이라는 뜻이 돼요.

05 **You shouldn't drink alcohol while you're on antibiotics.**
항생제를 복용하는 동안 술은 마시면 안 돼요.

be on (something)은 '~을 하다'라는 의미로 be on antibiotics는 '항생제를 복용 중이다'라는 뜻이 돼요.

Practice

STEP 1 다음 우리말을 영어로 말해 보세요.

❶ 독감에 걸리신 거 같아요.

❷ 체온 좀 잴게요.

❸ 난 감기에 걸렸어.

❹ 처방전 써 드릴게요.

❺ 항생제를 복용하는 동안 술은 마시면 안 돼요.

STEP 2 음원을 들으며 상황 속에 들어가 직접 대답을 하며 대화를 이어가 보세요.

연습하기 28

몸이 별로 좋지 않아요. 기침이 나고 목도 아프고 콧물도 나요.

How long have you had these symptoms?

이제 이틀 정도 됐어요.

Looks like you've got the flu. Make sure to drink lots of water and get plenty of rest.

미국에서는 재채기(기침)를 할 때 꼭 입을 가리고 한 후 "Excuse me!"라고 해야 해요. 그리고 재채기를 한 상대방에게는 "(God) Bless you(저런, 몸 조심하세요)!"라고 해 줘요. 재채기를 하면 영혼이 빠져나간다고 믿어서 신의 은총을 빈다는 의미도 있고, 과거에 재채기가 흑사병의 초기 증상이었기 때문에 몸 조심하라고 했던 말에서 유래했다는 이야기도 있답니다.

UNIT 29

건강 검진 나 건강 검진 받으려고 금식 중이야.

I've been fasting for a medical check-up.

결과가 괜찮았으면 좋겠어요.
I hope my check-up goes well.

대화를 듣고 따라하며 상황 속에서 표현을 익혀 보세요.

A **I've been fasting for a medical check-up.**
나 건강 검진 받으려고 금식 중이야.

B **Oh yeah? Are you having an endoscopy as well?**
그래? 내시경 검사도 받는 거야?

A **Yes. I hope my check-up goes well.**
응. 결과가 괜찮았으면 좋겠다.

음원 듣기 29

B **I got my results yesterday. Apparently, my blood pressure and cholesterol level are a little too high.**
나도 어제 검사 결과를 받았어. 혈압이랑 콜레스테롤 수치가 좀 높다고 하더라.

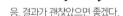

단어는 252쪽에서 확인

Expressions

Dialogue에서 다룬 주요 표현들을 자세히 학습해 보세요.

01 **have been fasting** 금식(단식)하고 있다

fasting는 '금식'이라는 뜻이에요. '금식 중이야'라고 말할 때 현재완료(have + p.p.)와 같이 사용해요.

I have been fasting all day. 오늘 하루 종일 금식 중이야.

02 **have (an) endoscopy** 내시경 검사를 받다

endoscopy는 '내시경 (검사)'이라는 뜻이에요. 동사 have를 이용해 내시경 검사를 받는다고 표현할 수 있어요.

I have an endoscopy today. Let's eat something afterwards.
나 오늘 내시경 검사 받아. 끝나고 뭐 좀 먹자.

03 **I hope ~ goes well** ~가 괜찮으면 좋겠다, ~가 잘되면 좋겠다

어떤 일을 앞두고 있을 때 그것에 대해 기대하거나, 걱정할 때 I hope ~ goes well이라는 표현을 써요.

Happy New Year! I hope everything goes well this year.
새해 복 많이 받아! 올해는 모든 일이 잘 되길.

04 **blood pressure / cholesterol level** 혈압 / 콜레스테롤 수치

혈압(blood pressure)이나 콜레스테롤 수치(cholesterol level)가 높거나 낮다고 할 때는 high와 low를 사용해 표현해요.

My blood pressure is a little too high. I need to watch my diet.
난 혈압이 좀 높아. 식단 조절해야 돼.

I found out today that I have a high cholesterol level.
내 콜레스테롤 수치가 높다는 걸 오늘 알았어.

More Expressions

이번 UNIT 주제와 관련된 유용한 추가 표현들을 익혀 보세요.

01 Could you collect the urine in this cup, please?

이 컵에 소변 좀 받아 주시겠어요?

02 Are you currently taking any medication?

현재 복용하시는 약이 있나요?

take medication은 '약물 치료를 하다'라는 뜻이에요.

03 Please exercise regularly and eat right.

규칙적으로 운동하고 식습관을 바르게 하세요.

'먹다'라는 뜻의 eat과 '옳은, 올바른'이란 뜻의 right을 같이 사용해 '바르게 먹다'라고 표현해요. right 대신 healthy(건강한)를 써서 말할 수도 있어요.

04 Do you have a family health history of chronic disease like cancer, heart disease, diabetes, or osteoporosis?

암, 심장병, 당뇨병, 골다공증과 같은 만성 질환이 가족 병력 중에 있나요?

05 It takes about a week to receive the result.

결과 나오려면 일주일 정도 걸려요.

Practice

STEP 1 다음 우리말을 영어로 말해 보세요.

1. 나 건강 검진 받으려고 금식 중이야.
2. 난 혈압이랑 콜레스테롤 수치가 좀 높다고 하더라.
3. 현재 복용하시는 약이 있나요?
4. 규칙적으로 운동하고 식습관을 바르게 하세요.
5. 결과 나오려면 일주일 정도 걸려요.

STEP 2 음원을 들으며 상황 속에 들어가 직접 대답을 하며 대화를 이어가 보세요.

연습하기 29

I've been fasting for a medical check-up.

그래? 내일 내시경 검사도 받는 거야?

Yes. I hope my check-up goes well.

나도 어제 검사 결과를 받았어. 혈압이랑 콜레스테롤 수치가 좀 높다고 하더라.

UNIT 30
치과

이 사랑니는 뽑아야겠어요.
Looks like you need to extract this wisdom tooth.

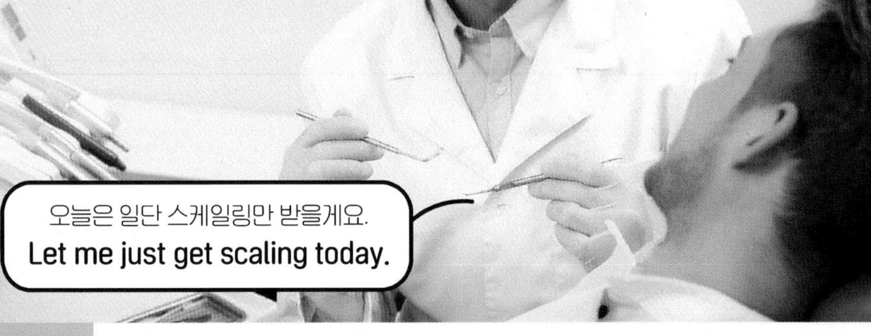
오늘은 일단 스케일링만 받을게요.
Let me just get scaling today.

Dialogue

대화를 듣고 따라하며 상황 속에서 표현을 익혀 보세요.

A **Looks like you need to extract this wisdom tooth.**
이 사랑니는 뽑아야겠어요.

B **I'm afraid of pain. Do I really have to pull it out?**
아플까 봐 겁이 나요. 꼭 뽑아야 하나요?

A **Wisdom teeth don't usually cause problems, but impacted ones may cause pain and swelling.**
사랑니는 보통 문제가 생기지 않지만, 매복된 건 통증이랑 부기를 유발할 수 있어요.

B **Ouch! Let me just get scaling today.**
아이쿠! 오늘은 일단 스케일링만 받을게요.

음원 듣기 30

단어는 252쪽에서 확인

Expressions

Dialogue에서 다룬 주요 표현들을 자세히 학습해 보세요.

01 extract a wisdom tooth 사랑니를 뽑다

extract은 '꺼내다, 뽑다'라는 뜻이에요. tooth와 같이 써서 '이를 뽑다(빼다)'라는 표현을 할 수 있어요. 흔들리는 이를 뽑는다고 말할 때는 pull out을 써요.

Should I extract this wisdom tooth? 이 사랑니를 뽑아야 할까요?

02 I'm afraid of ~ 나는 ~이 두려워

afraid of는 '~을 무서워하는'이라는 뜻이에요. of 뒤에 두려워하는 대상이나 사건을 넣어 이 표현을 써요.

I'm afraid of having my wisdom teeth pulled out.
나 사랑니 뽑는 거 무서워.

03 impacted wisdom tooth 매복 사랑니

impacted는 '매복된(다른 치아에 덮여 자라지 못하는)'이란 뜻이에요. wisdom tooth(사랑니)와 같이 쓰이면 '매복 사랑니'라는 의미가 돼요.

Looks like you have four impacted wisdom teeth. You will need to extract them.
매복 사랑니가 네 개나 있으시네요. 뽑아야 할 것 같아요.

04 get scaling 스케일링을 받다

스케일링(치석 제거)은 scaling이나 cleaning이라 해요. get(받다)과 같이 사용해 이 표현을 써요.

We should get scaling(=cleaning) at least twice a year.
적어도 일 년에 두 번은 스케일링을 받아야 해요.

More Expressions

이번 UNIT 주제와 관련된 유용한 추가 표현들을 익혀 보세요.

01 Don't forget to floss daily.

매일 치실질 하는 거 잊지 마.

floss는 명사로는 '치실', 동사로는 '치실질을 하다'라는 뜻이에요.

02 I have to get braces to straighten my crooked teeth.

삐뚤어진 치열을 교정하기 위해 교정기를 해야 해요.

get braces는 직역하면 '교정기를 끼다'라는 뜻으로 '치아 교정을 하다'라는 의미예요. get 대신 wear을 쓰면 교정기를 끼고 있는 상태를 말해요.

03 I visit my dentist twice a year for a regular checkup.

난 정기 검진 받으러 일 년에 두 번 치과에 가.

regular checkup은 '건강 검진'이나 '정기 검진'이란 뜻으로 사용해요.

04 You have a cavity on your upper right side.

오른쪽 윗니에 충치가 있으시네요.

cavity(충치)가 있다고 할 때 I have a cavity.라고 표현해요. 어느 부위에 충치가 있는지 말하고 싶다면 「on + 부위」를 넣어 같이 사용해요.

05 I have a loose tooth. 이가 흔들려요.

아픈 증상을 말할 때 '가지다, 있다'라는 의미의 have와 같이 표현을 했죠? 치아가 흔들린다고 할 때도 have를 사용해서 말해요. '흔들리는'은 loose, wiggly, wobbly라는 표현을 사용해요.

Practice

STEP 1 다음 우리말을 영어로 말해 보세요.

❶ 이 사랑니는 뽑아야겠어요.

❷ 매일 치실질 하는 거 잊지 마.

❸ 삐뚤어진 치열을 교정하기 위해 교정기를 해야 해요.

❹ 난 정기 검진 받으러 일 년에 두 번 치과에 가.

❺ 오른쪽 윗니에 충치가 있으시네요.

STEP 2 음원을 들으며 상황 속에 들어가 직접 대답을 하며 대화를 이어가 보세요.

연습하기 30

Looks like you need to extract this wisdom tooth.

아플까 봐 겁이 나요. 꼭 뽑아야 하나요?

Wisdom teeth don't usually cause problems, but impacted ones may cause pain and swelling.

아이쿠! 오늘은 일단 스케일링만 받을게요.

UNIT 31
상처
상처 먼저 소독해야지.
You should clean the wound first.
계단에서 미끄러져서 넘어졌어.
I slipped and fell down the stairs.

Dialogue

대화를 듣고 따라하며 상황 속에서 표현을 익혀 보세요.

A **What happened to your knee? It's bleeding.**
무릎 왜 그래? 피가 나네.

B **I slipped and fell down the stairs. It keeps bleeding.**
계단에서 미끄러져서 넘어졌어. 피가 계속 나.

A **It looks like that really hurts. You should clean the wound first. Let me see!**
정말 아파 보인다. 상처 먼저 소독해야지. 어디 봐 봐!

B **Ouch! It's very painful. Do you have a Band-Aid?**
아야! 너무 아프다. 반창고 있어?

음원 듣기 31

단어는 252쪽에서 확인

Expressions

Dialogue에서 다룬 주요 표현들을 자세히 학습해 보세요.

01 bleed 피가 나다

bleed는 '피가 나다'라는 의미로 사람이나 특정 부위를 주어로 사용해서 표현해요. 명사로 bleeding(출혈)을 사용할 때는 주로 앞에 관사(the)와 같이 사용해요.

Oh no, I'm bleeding here! 이런, 나 여기 피가 나!

02 fall down the stairs 계단에서 넘어지다

fall down은 '넘어지다'라는 뜻이예요. '계단에서 넘어지다'라고 할 때 이 표현을 써요.

I fell down the stairs and got hurt. 나 계단에서 넘어져 다쳤어.

03 clean the wound 상처를 소독하다

clean은 '청소하다, 닦다'라는 의미로 주로 사용하지만 '(상처를) 소독하다'라는 의미로도 사용해요.

We should clean the wound first, so it doesn't get infected.
염증이 생기지 않게 먼저 소독해야 돼.

04 Band-Aid 반창고

반창고는 band라고 떠올리기 쉽지만 영어로는 Band-Aid라고 해요. 원래 반창고의 상표명이었지만 통용되어 반창고를 가리키는 말로 굳혀져서 쓰이고 있어요.

You need to put a Band-Aid on your knee. 너 무릎에 반창고 붙여야 해.

More Expressions

이번 UNIT 주제와 관련된 유용한 추가 표현들을 익혀 보세요.

01 Oh no, I have a nosebleed.

어떡해, 나 코피 난다.

'코피'는 nosebleed라고 해요. 코피를 흘린다고 표현할 때는 My nose is bleeding.이라고 표현하기도 해요.

02 My scab is so itchy.

딱지가 너무 간지러워.

scab은 '(상처의) 딱지'라는 의미예요.

03 I've got a big bruise on my knee.

무릎에 크게 멍이 들었어.

bruise는 동사로는 '멍이 생기다', 명사로는 '멍'이란 의미예요.

04 I bumped my head on the wall. 벽에 머리를 부딪쳤어.

05 I cut my finger on a knife. 칼에 손가락을 베였어.

06 I got a paper cut. 종이에 손을 베였어.

Practice

STEP 1 다음 우리말을 영어로 말해 보세요.

❶ 무릎 왜 그래? 피가 나네.

❷ 상처 먼저 소독해야지.

❸ 어떡해, 나 코피 난다.

❹ 무릎에 크게 멍이 들었어.

❺ 벽에 머리를 부딪쳤어.

STEP 2 음원을 들으며 상황 속에 들어가 직접 대답을 하며 대화를 이어가 보세요.

연습하기 31

What happened to your knee? It's bleeding.

계단에서 미끄러져서 넘어졌어. 피가 계속 나.

It looks like that really hurts. You should clean the wound first. Let me see!

아야! 너무 아프다. 반창고 있어?

UNIT 32
시력

요즘 눈이 침침해.
My vision is blurry these days.

시력이 안 좋아지고 있는 것 같아.
I think my eyesight is getting worse.

Dialogue

대화를 듣고 따라하며 상황 속에서 표현을 익혀 보세요.

A **My vision is blurry these days. I think my eyesight is getting worse.**
요즘 눈이 침침해. 시력이 안 좋아지고 있는 것 같아.

B **You should go get an eye exam. Apparently, I have bad astigmatism, so I got new prescription glasses.**
시력 검사 받으러 가 봐. 난 난시가 심하다고 해서 안경 새로 맞췄어.

음원 듣기 32

A **Really? I should look at my phone less in the dark before going to bed.**
그래? 자기 전에 어두운 곳에서 휴대폰 보는 걸 줄여야겠어.

B **Yes, you should. It will be helpful if you don't look at your phone as much.**
맞아, 그래야 해. 휴대폰 보는 걸 줄여도 도움이 될 거야.

단어는 253쪽에서 확인

Expressions

Dialogue에서 다룬 주요 표현들을 자세히 학습해 보세요.

01 **My eyesight is getting worse.** 시력이 안 좋아지고 있어.

eyesight은 '시력'이란 의미로 get worse(악화되다, 나빠지다)와 같이 사용해 '시력이 나빠진다'라는 표현을 말할 수 있어요.

I have bad eyesight and it's getting even worse.
나 시력 안 좋은데 더 나빠지고 있어.

02 **get an eye exam** 시력 검사를 받다

eye exam은 '시력 검사'라는 뜻이에요. get(받다, 얻다)과 같이 사용해 '시력 검사를 받는다'라고 표현해요.

Do you know where I can get an eye exam?
=Do you know where I can get my eyes checked?
시력 검사 어디서 받을 수 있는지 알아?

03 **have bad astigmatism** 난시가 심하다

have astigmatism은 '난시가 있다'라는 뜻이에요. 앞에 bad(나쁜, 안 좋은)를 써서 심한 정도를 표현할 수 있어요.

I have bad astigmatism in both eyes. 난 양쪽 눈 다 난시가 심해.

04 **prescription glasses** 맞춤 안경

prescription은 '처방전'이란 뜻이에요. glasses(안경)와 같이 쓰면 직역으로 '처방된 안경', 즉 '맞춤(도수) 안경'이란 의미가 돼요.

Are you wearing non-prescription glasses?
너 도수 없는 안경 쓰고 있는 거야?

More Expressions

이번 UNIT 주제와 관련된 유용한 추가 표현들을 익혀 보세요.

01 I have myopia. 난 근시가 있어.

02 How good is your eyesight? 넌 시력이 어때?

03 I wear glasses because I have bad eyesight.
난 시력이 안 좋아서 안경을 써.

'시력이 안 좋다'라고 말할 때 bad eyesight라고 해요. 직역으로는 '나쁜 시력'인데 우리가 아픈 증상을 말할 때 사용하는 문장 구조와 같이 I have bad eyesight.라고 표현해요.

04 You shouldn't wear the wrong prescription glasses.
도수가 맞지 않는 안경은 쓰면 안 돼.

05 I'm thinking about getting LASIK(LASEK) surgery.
난 라식(라섹) 수술을 받을까 생각 중이야.

Practice

STEP 1 다음 우리말을 영어로 말해 보세요.

❶ 시력이 안 좋아지고 있는 것 같아.

❷ 난 근시가 있어.

❸ 넌 시력이 어때?

❹ 난 시력이 안 좋아서 안경을 써.

❺ 난 라식 수술을 받을까 생각 중이야.

STEP 2 음원을 들으며 상황 속에 들어가 직접 대답을 하며 대화를 이어가 보세요.

연습하기 32

My vision is blurry these days. I think my eyesight is getting worse.

시력 검사 받으러 가 봐. 난 난시가 심하다고 해서 안경 새로 맞췄어.

Really? I should look at my phone less in the dark before going to bed.

맞아, 그래야 해. 휴대폰 보는 걸 줄여도 도움이 될 거야.

Chapter 5

Review

우리말을 보고 영어로 말해 보세요.

01 나 살 빼려고 헬스장 다닐까 생각 중이야.

02 헬스장에 도착하면 제일 먼저 몸을 풀어.

03 나 요즘 일주일에 두 번 PT 받고 있어.

04 몸이 별로 좋지 않아요.

05 기침이 나고 목도 아프고 콧물도 나요.

06 항생제는 하루에 세 번 5일 동안 복용하세요.

07 나 건강 검진 받으려고 금식 중이야.

08 현재 복용하시는 약이 있나요?

09 결과 나오려면 일주일 정도 걸려요.

10 이 사랑니는 뽑아야겠어요.

정답

01 I'm thinking about joining a gym to lose weight. 02 The first thing I do when I get to the gym is warm up. 03 I am working out with a personal trainer twice a week these days. 04 I'm not feeling very well. 05 I have a cough, a sore throat, and a runny nose. 06 Take antibiotics three times a day for 5 days. 07 I've been fasting for a medical check-up. 08 Are you currently taking any medication? 09 It takes about a week to receive the result. 10 Looks like you need to extract this wisdom tooth.

11 오늘은 일단 스케일링만 받을게요.

12 삐뚤어진 치열을 교정하기 위해 교정기를 해야 해요.

13 계단에서 미끄러져서 넘어졌어.

14 상처 먼저 소독해야지.

15 무릎에 크게 멍이 들었어.

16 종이에 손을 베였어.

17 시력이 안 좋아지고 있는 것 같아.

18 나 안경 새로 맞췄어.

19 난 근시가 있어.

20 난 라식 수술을 받을까 생각 중이야.

---

11 Let me just get scaling today. 12 I have to get braces to straighten my crooked teeth. 13 I slipped and fell down the stairs. 14 You should clean the wound first. 15 I've got a big bruise on my knee. 16 I got a paper cut. 17 I think my eyesight is getting worse. 18 I got new prescription glasses. 19 I have myopia. 20 I'm thinking about getting LASIK surgery.

Jenna's 영어회화 꿀팁

과거형 vs. 현재완료

과거형과 현재완료의 의미 차이를 명확하게 이해하면 좀 더 풍부한 영어 표현을 할 수 있답니다. 먼저 과거 시제와 현재완료 시제의 차이를 볼까요?

1. 과거: 과거의 상황을 나타내고, 현재와 아무런 연관성이 없음을 의미

◦ **I liked Jenna 20 years ago. She was my girlfriend back then.**

난 20년 전에 Jenna를 좋아했어. 걔는 그때 내 여자 친구였어.

(과거를 나타내는 시간 부사 yesterday, ago, last night/week/month/year 등과 함께 쓰임)

2. 현재완료: 「have/has + p.p.」 형태로 과거의 일이 현재까지 영향을 미쳐 현재와 관련이 있음을 의미

◦ **I've liked Jenna for 20 years. We have been friends for 20 years.**

난 Jenna를 20년 동안 좋아해 왔어. 우린 20년째 친구 사이야.

그럼 현재완료에 대해 자세히 알아볼게요.

❶ **경험(~한 적 있어):** 과거에 한 경험을 말할 때 사용하며 ever, never, before, once(twice, ~ times) 등 빈도수를 나타내는 표현과 함께 씀

◦ **Have you (ever) been to Hong Kong/Vietnam/Bangkok/London?**

홍콩/베트남/방콕/런던에 가 본 적 있어?

❷ **계속(~해 오고 있어):** 과거에 일어난 일이 현재까지 지속되고 있는 걸 말할 때 사용하며 「for + 기간」, 「since + 기점」처럼 지속 기간을 나타내는 표현과 함께 씀

◦ **How long have you guys been friends?** 너희들 친구인지 얼마나 됐어?

❸ **결과:** 과거의 일이 원인이 되어, 그 결과가 현재에 영향을 미치는 걸 말할 때 사용

◦ **I've lost your number.** 난 네 전화번호를 잃어버렸어.

❹ **완료:** 과거에 시작된 동작이 완료되었다고 말할 때 사용하며 just now, already, yet과 같은 표현과 함께 씀

◦ **I've just finished my homework.** 나는 방금 숙제를 끝냈어.

제나쌤의 관련 유튜브 강의

Chapter 6

여가 생활

UNIT 33
TV 시청

채널 다른 데로 돌려도 돼?

Can I change the channel?

TV에 딱히 재밌는 게 안 하더라.
There was nothing interesting on TV.

Dialogue

대화를 듣고 따라하며 상황 속에서 표현을 익혀 보세요.

A **Where's the remote? Can I change the channel?**
리모컨 어디 있어? 채널 다른 데로 돌려도 돼?

B **I just flipped through the channels but there was nothing interesting on TV. Should we just watch Netflix?**
내가 채널을 돌려봤는데 TV에 딱히 재밌는 게 안 하더라. 우리 그냥 Netflix 볼까?

음원 듣기 33

A **Sure! What is your favorite show on Netflix? I love "Emily in Paris."**
좋아! Netflix에서 가장 좋아하는 프로그램이 뭐야? 난 'Emily in Paris'를 정말 좋아해.

B **Yeah, that's my favorite, too!**
맞아, 나도 그거 제일 좋아해!

단어는 253쪽에서 확인

Expressions

Dialogue에서 다룬 주요 표현들을 자세히 학습해 보세요.

01 **change the channel** 채널을 돌리다

change는 '바꾸다(변화시키다)'라는 뜻이에요. TV 채널을 바꾸거나 돌린다고 말할 때 이 표현을 사용해요.

Don't change the channel! I like that show.
채널 돌리지 마! 나 저 프로그램 좋아해.

02 **flip through ~** ~을 (빨리) 훑어보다, 휙휙 넘기다

flip through는 자세히 보는 것이 아닌 '~을 빨리 훑어보다'라는 뜻이에요. TV 채널이나 책장을 휙휙 넘길 때 이 표현을 써요.

Could you stop flipping through the TV channels?
TV 채널 좀 그만 돌릴 수 있어?

03 **There is nothing interesting on TV.**
TV에 딱히 재밌는 게 안 해.

There is nothing interesting이라고 하면 '재밌는 게 없다'라는 뜻이에요. 뒤에 on TV를 붙여서 TV에 딱히 볼 게 없을 때 쓸 수 있는 표현이에요.

There's nothing interesting on TV tonight.
오늘 밤엔 TV에 딱히 재밌는 게 안 해.

04 **favorite show** 가장 좋아하는 프로그램

favorite은 '가장 좋아하는'이라는 뜻이에요. 내가 좋아하는 것(명사)을 말할 때 사용할 수 있어요.

What is your favorite show on TV? 가장 좋아하는 TV 프로그램이 뭐야?

More Expressions

이번 UNIT 주제와 관련된 유용한 추가 표현들을 익혀 보세요.

01 What's on TV? / What's on Channel 9?

TV에서 뭐해? / 9번에서 뭐해?

What's on?은 '(지금 하고 있는) 프로가 뭐야?'라는 뜻으로 on 뒤에 TV나 채널을 넣어 같이 사용해요.

02 What time does the show come on?

그 프로그램 몇 시에 시작해?

come on은 우리가 자주 사용하는 '서둘러'라는 의미 외에도 '화면에 들어오다, 등장하다'라는 의미로도 사용해요.

03 Could you turn up the volume? 볼륨 좀 높여 줄래?

04 Are you watching or can I turn over?

보고 있어? 아니면 채널 돌려도 돼?

turn over는 '뒤집다'라는 의미 외에도 '(TV) 채널을 돌리다'라는 의미로도 사용해요.

05 You are such a couch potato. 넌 소파에 붙어서 TV만 보는구나.

couch potato는 '소파에서 포테이토 칩스를 먹으며 뒹굴거리는 사람'이라는 뜻으로 오랫동안 TV만 보고 있는 사람을 나타내는 표현이에요.

Practice

STEP 1 다음 우리말을 영어로 말해 보세요.

❶ 채널 다른 데로 돌려도 돼?

❷ Netflix에서 가장 좋아하는 프로그램이 뭐야?

❸ 그 프로그램 몇 시에 시작해?

❹ 볼륨 좀 높여 줄래?

❺ 넌 소파에 붙어서 TV만 보는구나.

STEP 2 음원을 들으며 상황 속에 들어가 직접 대답을 하며 대화를 이어가 보세요.

연습하기 33

Where's the remote? Can I change the channel?

내가 채널을 돌려봤는데 TV에 딱히 재밌는 게 안 하더라. 우리 그냥 Netflix 볼까?

Sure! What is your favorite show on Netflix? I love "Emily in Paris."

맞아, 나도 그거 제일 좋아해!

UNIT 34
영화

그 영화가 요즘 완전 히트라며.
I heard the movie is a big hit these days.

꼭 봐야 하는 영화야.
It is a must-see movie.

Dialogue

대화를 듣고 따라하며 상황 속에서 표현을 익혀 보세요.

A **Hey, do you wanna go see *Fast & Furious* tomorrow?**
내일 나랑 영화 '분노의 질주' 보러 갈래?

B **Sounds good! I heard the movie is a big hit these days.**
좋지! 그 영화가 요즘 완전 히트라며.

A **Have you seen the trailer? It is a must-see movie.**
예고편 봤어? 꼭 봐야 하는 영화야.

음원 듣기 34

B **Yeah, I can't wait to see the movie. I will book the tickets online. Do you wanna get popcorn?**

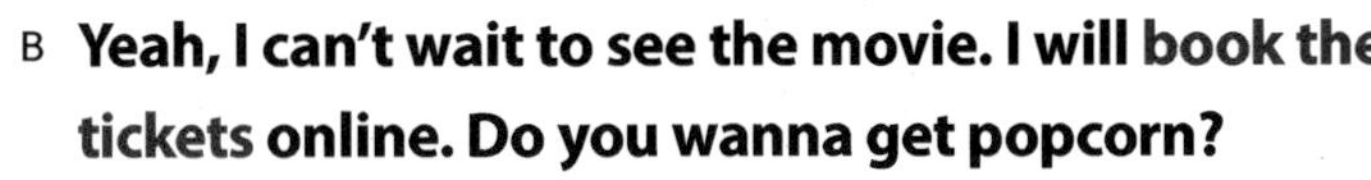

응, 빨리 보고 싶어. 표는 내가 온라인으로 예매할게. 네가 팝콘 살래?

단어는 253쪽에서 확인

Expressions

Dialogue에서 다룬 주요 표현들을 자세히 학습해 보세요.

01 a big hit 대성공, 대히트

a big hit은 영화, 공연, 노래, 책 등이 대성공(대히트)을 했다는 의미예요.

I heard the movie(concert, song, book) was a big hit.
그 영화(콘서트, 노래, 책)가 완전 성공했다고 들었어.

02 the trailer 예고편

trailer는 영화 개봉 전에 영화의 일부 내용을 보여주는 '예고편'이에요. 일반인에게 공개하기 전에 시험적으로 상영하는 시사회를 말할 때는 preview라는 단어를 사용해요.

You can watch the trailer if you click here.
여기를 클릭하시면 예고편을 보실 수 있어요.

03 a must-see 꼭 봐야 할 것

a must는 '필수 조건'이라는 뜻이에요. 단독으로 쓰이기도 하지만 'a must-동사원형'과 같이 사용해 '꼭 ~할 것' 이라는 의미로 사용해요.

It is a must-see(a must-eat, a must-read, a must-have).
그건 꼭 봐야 해(먹어 봐야 해, 읽어 봐야 해, 필수품이야).

04 book a ticket 표를 예매하다

book a ticket은 '표를 예매하다'라는 뜻이에요. 영화표를 예매할 때도 사용하지만 항공권을 예매할 때도 같은 표현을 써요.

I just booked a flight ticket online. 방금 온라인으로 비행기표 예매했어.

More Expressions

이번 UNIT 주제와 관련된 유용한 추가 표현들을 익혀 보세요.

01 What movies are out right now? 요새 무슨 영화해?

02 Who is the leading actor in the movie?

그 영화 주연 배우가 누구야?

leading actor(actress)는 '주연 배우'란 의미예요. 그렇다면 조연 배우는 영어로? supporting actor(actress)라고 해요.

03 Anything in blue is taken, and white is available.

파란색은 선택된 좌석이고, 흰색은 가능한 좌석이야.

taken은 take의 과거분사로 이미 '선택된'이란 뜻이고, 그와 반대로 '가능한'은 available이란 단어를 사용해요. 참고로 연애 상태를 말할 때도 be taken(애인이 있는)과 be available(애인이 없는)을 사용해요.

04 Could you validate parking for me, please?

주차 확인해 주시겠어요?

validate은 '인증하다'라는 의미로 parking(주차)과 같이 사용하면 '주차 확인을 하다, 주차 도장을 찍다'라는 뜻이 돼요.

05 I was on the edge of my seat the whole time.

진짜 재밌게 봤어! / 정말 긴장감 넘치더라.

on the edge of one's seat은 너무 재밌어서 좌석 끝에 걸터 앉아 '한순간도 눈을 뗄 수 없이 열중하는'이란 의미예요.

Practice

STEP 1 다음 우리말을 영어로 말해 보세요.

❶ 꼭 봐야 하는 영화야.

❷ 요새 무슨 영화해?

❸ 그 영화 주연 배우가 누구야?

❹ 파란색은 선택된 좌석이고, 흰색은 가능한 좌석이야.

❺ 진짜 재밌게 봤어! / 정말 긴장감 넘치더라.

STEP 2 음원을 들으며 상황 속에 들어가 직접 대답을 하며 대화를 이어가 보세요.

연습하기 34

Hey, do you wanna go see *Fast & Furious* tomorrow?

좋지! 그 영화가 요즘 완전 히트라며.

Have you seen the trailer? It is a must-see movie.

응, 빨리 보고 싶어. 표는 내가 온라인으로 예매할게. 네가 팝콘 살래?

UNIT 35
외식

동네에 새로 생긴 프랑스 식당 가 보자.
Let's check out the new French restaurant in town.

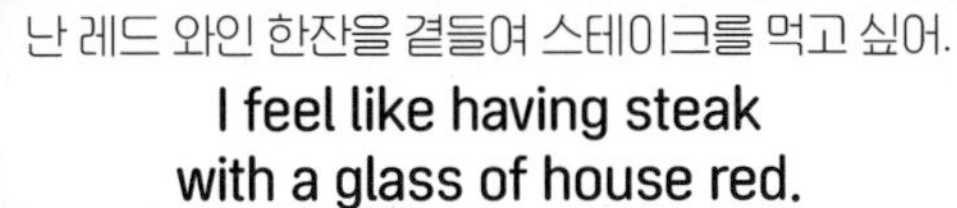
난 레드 와인 한잔을 곁들여 스테이크를 먹고 싶어.
I feel like having steak
with a glass of house red.

Dialogue

대화를 듣고 따라하며 상황 속에서 표현을 익혀 보세요.

A **Let's check out the new French restaurant in town.**
동네에 새로 생긴 프랑스 식당 가 보자.

B **I was just about to ask you to eat out tonight.**
안 그래도 오늘 밤 외식하자고 하려던 참이었는데.

A **I feel like having steak with a glass of house red.**
난 레드 와인 한 잔을 곁들여 스테이크를 먹고 싶어.

음원 듣기 35

B **I would like to have grilled salmon paired with a glass of house white.**
난 화이트 와인 한 잔이랑 연어 구이를 먹고 싶어.

단어는 254쪽에서 확인

Expressions

Dialogue에서 다룬 주요 표현들을 자세히 학습해 보세요.

01 **check out ~** ~에 가 보다, ~를 확인하다

check out은 다양한 의미를 가지고 있지만 장소와 함께 사용할 때는 '가 보다, 확인하다'라는 의미가 돼요.

Do you want to check out the new bar in town?
동네에 새로 생긴 술집 가 볼래?

02 **eat out** 외식하다

eat out은 직역하면 '나가서 먹다'라는 뜻으로 외식한다고 할 때 이 표현을 사용해요.

Let's eat out tonight. I'm too tired to cook.
오늘 저녁에 외식하자. 너무 피곤해서 요리 못 하겠어.

03 **feel like ~ing** ~하고 싶다

feel like 뒤에 동사의 ing형을 넣어 말하면 '~하고 싶다'라는 뜻이에요. feel like는 '~를 먹고 싶다'라는 의미도 있어서 뒤에 바로 명사를 넣어 말할 수 있어요.

I feel like eating something spicy.
= I feel like something spicy. 난 뭔가 매운 거 먹고 싶어.

04 **a glass of house red(white)** 하우스 레드(화이트) 와인 한 잔

음식점에서 와인을 한 잔씩 주문할 때 하우스 와인을 많이 주문하죠? 와인은 생략하고 a glass of house red(white)라고 말할 수 있어요.

Would you like to have a glass of house red? 레드 와인 한 잔 하시겠어요?

More Expressions

이번 UNIT 주제와 관련된 유용한 추가 표현들을 익혀 보세요.

01 **How would you like your steak (done)?**
스테이크는 어떻게 해드릴까요?

02 **Rare, please.** 굽기는 가장 덜 익힌 정도로 해주세요.

스테이크 굽기를 말할 때 내가 원하는 정도 뒤에 please를 붙여 요청하면 돼요. 굽기 정도에 따라 rare(설익은), medium-rare(약간 익힌), medium(중간 정도 익힌), medium-well(중간보다 더 익힌), well-done(바싹 익힌)으로 표현해요.

03 **What would you like to have for the sides?**
사이드는 뭘로 하시겠어요?

04 **Do you have any room for dessert?** 디저트 먹을 배 있어?

Do you have any room?은 '방 있어요?'라는 의미죠? room for는 '~할 공간, ~할 여지'라는 뜻이에요. 그래서 for 뒤에 dessert(후식)을 쓰면 '후식 먹을 배가 있다, 후식 배 따로 있다'라고 표현할 수 있어요.

05 **Can I have the check, please? / Excuse me, check please.** 계산서 주시겠어요?

check은 '계산서'라는 의미로 미국에서 주로 사용하고, 같은 의미의 bill은 영국이나 다른 영어권 국가에서 사용해요.

Practice

STEP 1 다음 우리말을 영어로 말해 보세요.

❶ 동네에 새로 생긴 프랑스 식당 가 보자.

❷ 난 레드 와인 한 잔을 곁들여 스테이크를 먹고 싶어.

❸ 스테이크는 어떻게 해드릴까요?

❹ 굽기는 가장 덜 익힌 정도로 해주세요.

❺ 계산서 주시겠어요?

STEP 2 음원을 들으며 상황 속에 들어가 직접 대답을 하며 대화를 이어가 보세요.

연습하기 35

Let's check out the new French restaurant in town.

안 그래도 오늘 외식하자고 하려던 참이었는데.

I feel like having steak with a glass of house red.

난 화이트 와인 한 잔이랑 연어 구이를 먹고 싶어.

Jenna 쌤의 미국 이야기

한국에서는 식당에서 주문한 음식이 많이 남아서 싸 가지고 오는 경우는 거의 없죠? 미국의 1인분 양은 한국의 2배 가까이 돼서 많이 남아요. 그럴 경우 이렇게 물어보세요. "Can I get(have) a to-go box for this?(이거 싸 가지고 갈 상자 하나만 주시겠어요?)"

UNIT 36
카페

여기에서 드시나요, 가져가시나요?

Is that for here or to go?

그란데 사이즈 아이스 아메리카노 한 잔 주시겠어요?
Can I get a grande iced americano?

Dialogue

대화를 듣고 따라하며 상황 속에서 표현을 익혀 보세요.

A **What can I get for you?**
무엇을 드릴까요?

B **Can I get a grande iced americano with an extra shot?**
샷 추가해서 그란데 사이즈 아이스 아메리카노 한 잔 주시겠어요?

A **Certainly, is that for here or to go?**
그럼요, 여기에서 드시나요, 가져가시나요?

음원 듣기 36

B **To go, please. And I would like to add a blueberry bagel.**
가져갈게요. 그리고 블루베리 베이글 하나 추가할게요.

단어는 254쪽에서 확인

Expressions

Dialogue에서 다룬 주요 표현들을 자세히 학습해 보세요.

01 What can I get for you? 무엇을 드릴까요?

'무엇을 드릴까요?'라는 뜻으로 카페나 음식점에서 주문할 때 가장 보편적으로 들을 수 있는 표현이에요.

What can I get for you, sir? 무엇으로 드릴까요, 손님?

02 with an extra shot 샷 추가해서

extra는 '추가의'라는 뜻으로 샷을 추가한다고 할 때는 with an extra shot이라고 해요.

Can you add an extra shot?
= Two shots, please.
= Double shots, please. 샷 추가해 주세요.

03 Is that for here or to go? 여기에서 드시나요, 가져가시나요?

가지고 나가는 건 우리가 흔히 말하는 '테이크 아웃'이란 표현보다 일반적으로 원하는 음료 이름 뒤에 to go를 붙여 표현해요. 먹고 가는 거라면 끝에 for here이라는 표현을 써요.

Can I have an iced americano to go? 아이스 아메리카노 한 잔 가져갈게요.

04 I would like to add ~ ~를 추가하고 싶어요

무언가를 더 추가하고 싶을 때 정중하게 I would like to add 뒤에 추가하고 싶은 걸 넣어 말해요.

I would like to add some more things. 몇 가지를 더 추가하고 싶어요.

More Expressions

이번 UNIT 주제와 관련된 유용한 추가 표현들을 익혀 보세요.

01 Is that all? / Do you need anything else?

다 주문하신 거예요?

Is that all?은 '이게 다인가요?'라는 의미로 더 추가할 게 없는지 물어보는 표현이에요.

02 Can I get your name? 성함이 어떻게 되세요?

미국에서는 번호표나 진동벨을 주는 대신에 테이크 아웃 컵에 이름을 적어 불러 주기도 해요.

03 Can I have three large cappuccinos in a cup holder tray, please? 카푸치노 큰 걸로 세 잔을 홀더에 담아 주시겠어요?

원하는 음료를 「수량 + 사이즈 + 커피」 종류 순서로 요청하면 돼요. a cup holder tray는 '손잡이가 없는 쟁반 모양의 홀더'를 의미하고 '손잡이가 있는 캐리어'는 a carrier with a handle 이라 해요.

04 Can I get soy milk instead (of milk)?

우유 대신 두유로 바꿔 주시겠어요?

soy milk: 두유, low-fat milk: 저지방 우유, skim milk(non-fat milk): 무지방 우유

05 Can you leave room for some milk?

우유 넣을 공간 좀 남겨 주시겠어요?

커피에 셀프바에 있는 우유를 넣고 싶다면 컵에 공간이 필요하므로 이렇게 부탁해 보세요.

Practice

STEP 1 다음 우리말을 영어로 말해 보세요.

❶ 여기에서 드시나요, 가져가시나요?

❷ 다 주문하신 거예요?

❸ 카푸치노 큰 걸로 세 잔 주시겠어요?

❹ 우유 대신 두유로 바꿔 주시겠어요?

❺ 우유 넣을 공간 좀 남겨 주시겠어요?

STEP 2 음원을 들으며 상황 속에 들어가 직접 대답을 하며 대화를 이어가 보세요.

연습하기 36

What can I get for you?

샷 추가해서 그란데 사이즈 아이스 아메리카노 한 잔 주시겠어요?

Certainly, is that for here or to go?

가져갈게요. 그리고 블루베리 베이글 하나 추가할게요.

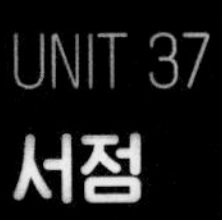

UNIT 37
서점

죄송하지만 그 책의 재고가 없네요.
Sorry, but we ran out of that book.

저 'Robinson Crusoe'라는 책을 찾고 있는데요.
I'm looking for a book titled *Robinson Crusoe*.

Dialogue

대화를 듣고 따라하며 상황 속에서 표현을 익혀 보세요.

A **I'm looking for a book titled *Robinson Crusoe*. Do you guys have it?**
저 'Robinson Crusoe'라는 책을 찾고 있는데요. 여기 있나요?

B **Give me a moment, please. Sorry, but we ran out of that book.**
잠시만 기다려주세요. 죄송하지만 그 책의 재고가 없네요.

음원 듣기 37

A **Oh no, what a bummer! Can I place an order online?**
오 이런, 아쉽네요! 그럼 온라인으로 주문할 수 있을까요?

B **Of course. It will be delivered to your place by tomorrow.**
네, 그럼요. 내일까지 댁으로 배달될 거예요.

단어는 254쪽에서 확인

Expressions

Dialogue에서 다룬 주요 표현들을 자세히 학습해 보세요.

01 run out of ~ ~의 재고가 없다

run out of는 '~이 없어지다, ~이 떨어지다'라는 뜻으로 무언가 재고가 없을 때 사용할 수 있는 표현이에요.

We ran out of the book that you are looking for.
찾으시는 책이 재고가 없어요.

02 What a bummer! 아쉽네요! / 안타깝네요!

실망했거나 안타까운 상황에 '안됐네, 안타깝네!'라는 말을 많이 하죠? 이럴 때 '실망스러운 일'이란 뜻의 bummer를 사용해 표현해 보세요. That's a real bummer. 또는 I'm so bummed.도 같은 뜻이에요.

You can't come with us? What a bummer! 너 우리랑 같이 못 간다고? 아쉽다!

03 place an order online 온라인으로 주문하다

place an order는 order와 같은 의미로 '주문하다'라는 뜻이에요. online과 같이 사용하면 '온라인으로 주문하다'라는 표현이에요.

I've just placed an order for ten copies of this book online.
방금 온라인으로 이 책 10권 주문했어요.

04 be delivered to one's place 집으로 배달되다

place는 대화를 나누고 있는 사람들이 공통적으로 알고 있는 '집, 자리, 위치'를 말해요. '~로 배달되다'라는 의미의 be delivered to와 같이 사용할 수 있어요.

If you place an order today, it could be delivered to your place by tomorrow.
오늘 주문하시면 내일까지 집으로 배송될 수 있어요.

More Expressions

이번 UNIT 주제와 관련된 유용한 추가 표현들을 익혀 보세요.

01 Are you looking for any books in particular?

특별히 찾으시는 책이 있으세요?

in particular는 명사 뒤에 붙여서 '특별히'라는 의미로 사용해요.

02 What is your favorite genre of books?

넌 어떤 장르의 책 좋아해?

favorite은 '좋아하는'이란 의미로 뒤에 명사와 같이 사용해 '좋아하는(favorite) 책, 장르, 노래, 영화배우(book, genre, song, movie star)'를 말할 때 사용해요.

03 Where is the foreign book corner?

외국 도서 코너는 어디죠?

04 One of my friends is a big fan of this author.

내 친구 중 한 명이 이 작가 열혈 팬이야.

a big fan of는 '~을 진짜 좋아하는'이라는 의미예요.

05 What's the best-selling book these days?

요즘 베스트셀러가 뭐예요?

우리는 '베스트셀러'라 하면 책을 떠올리죠? 하지만 영어로 best-seller라 하면 책, 노래, CD 등 미디어를 통틀어 사용하는 표현이에요. 베스트셀러 책은 best-selling book(s)이라는 표현을 사용해요.

Practice

STEP 1 다음 우리말을 영어로 말해 보세요.

❶ 내일까지 댁으로 배달될 거예요.

❷ 특별히 찾으시는 책이 있으세요?

❸ 외국 도서 코너는 어디죠?

❹ 내 친구 중 한 명이 이 작가 열혈 팬이야.

❺ 요즘 베스트셀러가 뭐예요?

STEP 2 음원을 들으며 상황 속에 들어가 직접 대답을 하며 대화를 이어가 보세요.

연습하기 37 

저 'Robinson Crusoe'라는 책을 찾고 있는데요. 여기 있나요?

Give me a moment, please. Sorry, but we ran out of that book.

오 이런, 아쉽네요! 그럼 온라인으로 주문할 수 있을까요?

Of course. It will be delivered to your place by tomorrow.

UNIT 38

취미 생활 언제 같이 등산 가자.

Let's go hiking sometime.

넌 취미가 뭐야?
What do you do for fun in your free time?

Dialogue

대화를 듣고 따라하며 상황 속에서 표현을 익혀 보세요.

A **What do you do for fun in your free time?**
넌 취미가 뭐야?

B **I like hanging out with friends and going hiking. I also like reading and playing the piano. How about you?**
난 친구들이랑 어울리거나 등산 가는 걸 좋아해. 독서나 피아노 치는 것도 좋아하고. 넌?

음원 듣기 38

A **Nice, I love hiking as well. Let's go hiking sometime.**
와, 나도 등산 좋아하는데. 언제 같이 등산 가자.

B **I was thinking about hiking this weekend. Do you want to come with me?**
이번 주말에 등산 가려던 참인데. 나랑 같이 갈래?

단어는 254쪽에서 확인

Expressions

Dialogue에서 다룬 주요 표현들을 자세히 학습해 보세요.

01 What do you do for fun in your free time? 넌 취미가 뭐야?

우리는 취미라 하면 흔히 hobby를 떠올리게 되죠. 하지만 '취미가 뭐야?'라고 물을 때는 What is your hobby?라고 하지 않고 다음 표현들을 사용해요.

What do you like to do?
= **What do you like to do for fun?**
= **What do you like to do in your free time?** 넌 취미가 뭐야?

02 like(love, enjoy) ~ing ~하는 것을 좋아하다

취미를 말할 때 우리는 간단히 '~하는 것을 좋아해'라고 like, love, enjoy와 같은 동사를 사용해 표현해요.

I like swimming(hanging out with friends, reading, playing the piano).
난 수영을(친구들과 어울리는 것을, 독서를, 피아노 치는 것을) 좋아해.

03 go hiking 등산을 하다

'등산을 하다'라고 하면 go climbing을 생각하시는 분들이 많아요. 하지만 climbing은 암벽 등반을 하는 쪽에 가깝기 때문에 우리가 흔히 말하는 등산을 말할 땐 go hiking이라고 표현해요.

I don't like going hiking. 난 등산 가는 거 안 좋아해.

04 come with me 나랑 같이 가다, 함께 가다

'나랑 같이 가다'라고 할 땐 go with me가 아닌 come with me를 써요.

Do you want to come with me to the party tonight?
오늘 밤 파티에 나랑 같이 갈래?

More Expressions

이번 UNIT 주제와 관련된 유용한 추가 표현들을 익혀 보세요.

01 I spend most of my free time learning foreign languages. 난 대부분의 여가 시간을 외국어 배우는 데 보내.

spend는 '보내다'라는 의미로 '여가 시간'이란 뜻을 가진 free time과 같이 사용해 취미를 말할 수 있어요. 무엇을 하며 시간을 보내는지는 동사에 ing를 붙인 형태로 말해요.

02 I'm into arts and crafts. I like doing things with my hands. 난 예술과 공예에 관심이 많아. 손으로 하는 걸 좋아해.

I'm into는 '난 ~에 관심이 있어, 난 ~에 빠졌어'라는 뜻으로 I'm interested in과 같은 의미로 사용해요.

03 When I have time, I go fishing. 난 시간이 되면 낚시하러 가.

When I have는 '틈이 있으면, 시간이 있으면'이란 뜻이에요.

04 What are your favorite sports? 좋아하는 스포츠가 뭐야?

favorite은 '좋아하는'이란 뜻으로 취미를 말할 때 빠질 수 없는 단어죠?

05 Playing basketball helps me to be fit and healthy. 농구를 하면 건강해져.

fit, heathy는 둘 다 '건강한'이란 의미예요.

Practice

STEP 1 다음 우리말을 영어로 말해 보세요.

❶ 넌 취미가 뭐야?

❷ 언제 같이 등산 가자.

❸ 난 대부분의 여가 시간을 외국어 배우는 데 보내.

❹ 난 손으로 하는 걸 좋아해.

❺ 좋아하는 스포츠가 뭐야?

STEP 2 음원을 들으며 상황 속에 들어가 직접 대답을 하며 대화를 이어가 보세요.

연습하기 38 

What do you do for fun in your free time?

난 친구들이랑 어울리거나 등산 가는 걸 좋아해. 독서나 피아노 치는 것도 좋아하고. 넌?

Nice, I love hiking as well. Let's go hiking sometime.

이번 주말에 등산 가려던 참인데. 나랑 같이 갈래?

UNIT 39
휴가

난 이번 주말에 호캉스 가려고.

I'm going to take a staycation at a hotel this weekend.

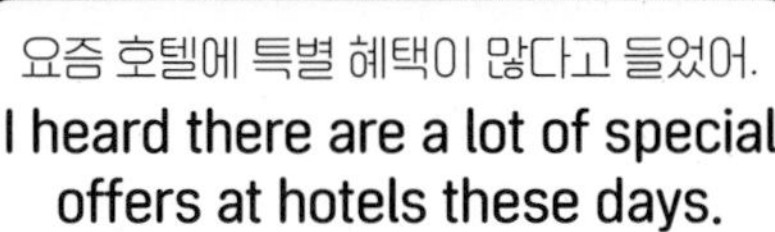
요즘 호텔에 특별 혜택이 많다고 들었어.
I heard there are a lot of special offers at hotels these days.

Dialogue

대화를 듣고 따라하며 상황 속에서 표현을 익혀 보세요.

A **I didn't get a chance to go on a vacation this summer.**
난 이번 여름에 휴가를 갈 시간이 없었어.

B **Same here. I had to cancel the flight and hotel that I had reserved in advance.**
나도. 미리 예약했던 비행기랑 호텔을 다 취소해야 했어.

음원 듣기39

A **That's too bad. I'm going to take a staycation at a hotel this weekend.**
그거 참 안타깝다. 난 이번 주말에 호캉스 가려고.

B **I heard there are a lot of special offers at hotels these days.**
요즘 호텔에 특별 혜택이 많다고 들었어.

단어는 254쪽에서 확인

Expressions

Dialogue에서 다룬 주요 표현들을 자세히 학습해 보세요.

01 get a chance to go on a vacation 휴가 갈 시간(기회)이 있다

get a chance to는 '~할 시간이 있다, ~할 기회가 있다'라는 뜻이에요. '휴가를 가다'라는 뜻의 go on a vacation과 같이 사용해 이 표현을 써요.

I hope you will get a chance to go on a vacation this year.
올해는 네가 휴가를 갈 기회가 있길 바랄게.

02 reserve ~ in advance 사전에(미리) ~을 예약하다

reserve는 '예약하다'라는 뜻이에요. '사전에, 미리'라는 뜻의 in advance와 같이 사용해 이 표현을 써요.

I reserved my flight ticket and hotel 6 months in advance.
6개월 전에 비행기표랑 호텔을 미리 예약했어.

03 take(go on) a staycation at a hotel 호캉스를 가다

'휴가를 가다'는 take(go on) a vacation이라 해요. staycation은 '머물다'라는 의미의 stay와 '휴가'를 뜻하는 vacation의 합성어로 우리가 흔히 말하는 '호캉스'를 말할 때는 a staycation at a hotel이라고 표현해요.

Have you ever taken a staycation at a hotel? 호캉스 가 본 적 있어?

04 special offer 특별 혜택, 특가품

special offer는 '특별 혜택, 특가품'라는 의미로 호텔에서 제공하는 특별 혜택을 말할 땐 special offers at hotels라고 표현해요.

I heard there will be a special offer at Four Seasons hotel during Christmas.
크리스마스 기간 동안 포시즌스 호텔에서 특별 혜택이 있다고 들었어.

More Expressions

이번 UNIT 주제와 관련된 유용한 추가 표현들을 익혀 보세요.

01 **I'm going on a vacation next week. / I'm on vacation next week. / I'm taking a vacation next week.**
나 다음 주에 휴가 가.

02 **I think a staycation is a great option to** take some time off**.** 잠시 쉬기에 호캉스가 좋은 거 같아.

take time off는 '휴가를 내다'라는 의미로, '하루(일주일) 휴가를 내다'라고 할 때는 take a day(week) off라고 해요.

03 **I don't like** getting on a plane**.** 난 비행기 타는 거 안 좋아해.

get on a plane은 '비행기에 타다'라는 의미예요.

04 Could you recommend **any hot places or things to do in Korea?** 한국에서 핫한 곳이나 할 만한 거 추천해 주실래요?

Could(Can) you recommend ~?는 '~을 추천해 주시겠어요?'라는 의미예요.

05 **That sounds fun!** 재미있겠다!

Practice

STEP 1 다음 우리말을 영어로 말해 보세요.

❶ 난 이번 여름에 휴가를 갈 시간이 없었어.

❷ 난 이번 주말에 호캉스 가려고.

❸ 잠시 쉬기에 호캉스가 좋은 거 같아.

❹ 난 비행기 타는 거 안 좋아해.

❺ 한국에서 핫한 곳이나 할 만한 거 추천해 주실래요?

STEP 2 음원을 들으며 상황 속에 들어가 직접 대답을 하며 대화를 이어가 보세요.

연습하기 39

I didn't get a chance to go on a vacation this summer.

나도. 미리 예약했던 비행기랑 호텔을 다 취소해야 했어.

That's too bad. I'm going to take a staycation at a hotel this weekend.

요즘 호텔에 특별 혜택이 많다고 들었어.

한국에서는 호텔에 수영장이나 여가시설을 이용하러 가는 반면에 미국에서는 로드 트립을 하며 주변 관광지 방문을 주 목적으로 호텔에 묵는 것이 일반적이에요. 미국에서는 한국처럼 호캉스가 보편화되지는 않았어요.

UNIT 40
음주

숙취가 장난이 아니야.
I have a bad hangover.

머리도 아프고 속도 안 좋아.
I have a headache and my stomach is upset, too.

Dialogue

대화를 듣고 따라하며 상황 속에서 표현을 익혀 보세요.

A **Did you get home safely yesterday? We got trashed last night.**
어제 잘 들어갔어? 우리 어젯밤에 진짜 많이 마셨어.

B **I know, I have a bad hangover. Are you all right?**
맞아, 숙취가 장난이 아니야. 넌 괜찮아?

음원 듣기40

A **Man, I have a headache and my stomach is upset, too.**
아니, 나도 머리도 아프고 속도 안 좋아.

B **We should drink in moderation from now on.**
우리 앞으로는 적당히 마셔야겠어.

단어는 255쪽에서 확인

Expressions

Dialogue에서 다룬 주요 표현들을 자세히 학습해 보세요.

01 get trashed 술을 진탕 마시다, 만취하다

trashed는 trash(쓰레기)에서 파생된 단어예요. 너무 마셔서 '쓰레기가 되다'라는 의미로 짐작 가능하죠? 술을 진탕 마신 걸 표현할 때 사용해요.

We met after a long time and got trashed. 우린 오랜만에 만나 술을 진탕 마셨어.

02 bad hangover 심한 숙취

'숙취'는 영어로 hangover라고 표현해요. 앞에 bad를 써서 숙취가 심한 정도를 나타낼 수 있어요.

It's the worst feeling to wake up with a bad hangover.
심한 숙취로 잠에서 깨는 건 진짜 최악의 느낌이야.

03 My stomach is upset. 속이 안 좋아(배탈이 났어).

upset은 주로 우리의 감정을 나타낼 때 '속상한(화가 난)'이란 의미로 많이 사용하죠? stomach(배)와 같이 사용하면 '속이 안 좋은, 배탈이 난'이란 의미도 돼요.

My stomach is upset, and I can't stop going to the bathroom.
배가 아파서 자꾸 화장실에 가.

04 drink in moderation 술을 적당히 마시다

in moderation은 '적당히, 알맞은'이란 의미예요. 이 표현은 drink(마시다) 외에도 do, eat, work 등 다양한 동사와 같이 사용할 수 있어요.

It is hard for me to drink in moderation.
술을 적당히 마시는 건 나한테 어려운 일이야.

More Expressions

이번 UNIT 주제와 관련된 유용한 추가 표현들을 익혀 보세요.

01 Let's make a toast to our success! Bottoms up!
우리의 성공을 위하여 건배하자! 원샷!

02 I'm getting a little tipsy. 살짝 취기가 올라온다.

tipsy는 '술이 약간 취한' 즉, '알딸딸한'이란 의미예요. tipsy 앞에 a little 대신 pretty를 넣으면 '얼큰하게 취한'이란 의미가 돼요.

03 I completely blacked out. 어제 완전 필름이 끊겼어.

black out은 '의식을 잃다'라는 의미로 술에 취해 필름이 끊겼을 때 이 표현을 써요.

04 You need to change your drinking habits.
넌 술버릇 좀 고쳐야 해.

05 I have a low alcohol tolerance. / I have a high alcohol tolerance. 난 술 잘 못 마셔. / 난 술이 세.

tolerance는 '내성, 저항력'이란 뜻인데 '주량'을 말할 때 이 단어를 사용해 alcohol tolerance 라고 해요. 주량이 약하면 low, 주량이 세면 high를 앞에 붙여 말하면 됩니다. 추가로 '~보다 술이 더 세다'라고 말하려면 drink ~ under the table이라는 표현을 써요.

06 What is your alcohol tolerance? 주량이 얼마나 돼?

Practice

STEP 1 다음 우리말을 영어로 말해 보세요.

1. 우리 어젯밤에 진짜 많이 마셨어.
2. 나도 머리도 아프고 속도 안 좋아.
3. 살짝 취기가 올라온다.
4. 어제 완전 필름이 끊겼어.
5. 주량이 얼마나 돼?

STEP 2 음원을 들으며 상황 속에 들어가 직접 대답을 하며 대화를 이어가 보세요.

연습하기 40

Did you get home safely yesterday?
We got trashed last night.

맞아, 숙취가 장난이 아니야. 넌 괜찮아?

Man, I have a headache and my stomach is upset, too.

우리 앞으로는 적당히 마셔야겠어.

Jenna쌤의 미국 이야기

미국에는 한국처럼 일 끝나고 한잔하러 가거나, 새벽까지 마시는 문화가 흔하지 않아요. 특히 한국처럼 대리운전이 보편화돼 있지 않아 친구들과 bar나 club에 갈 때는 우버로 이동하거나 designated driver(지정 운전자: 술을 마시지 않고 다른 사람들을 차로 데려다 주는 사람) 역할을 하는 사람을 정하기도 한답니다.

UNIT 41
등산

정상까지 가려면 얼마나 걸려?
How long does it take to reach the top?

산이 엄청 가파르고 미끄럽다.
The mountain is very steep and slippery.

Dialogue

대화를 듣고 따라하며 상황 속에서 표현을 익혀 보세요.

A **How long does it take to reach the top?**
정상까지 가려면 얼마나 걸려?

B **It will take about 30 minutes from here. The mountain is very steep and slippery. Be careful with your footing.**
여기서 삼십 분 정도 걸려. 산이 엄청 가파르고 미끄럽다. 발 조심해.

음원 듣기 41

A **Okay, I will. Let's hold onto the rope on the side and walk up.**
알았어. 여기 옆에 줄을 잡고 올라가자.

B **Let me know whenever you want to take a break.**
언제든 쉬고 싶을 때 말해.

단어는 255쪽에서 확인

Expressions

Dialogue에서 다룬 주요 표현들을 자세히 학습해 보세요.

01 **reach the top** 정상에 도착하다(도달하다)

reach는 '~에 닿다(도달하다)'라는 뜻으로 top(꼭대기, 정상)과 함께 사용해요.

Let's take a group picture when we reach the top (of the mountain). 우리 (산) 정상에 도착하면 단체 사진 찍자.

02 **steep** 가파른

steep은 '가파른'이란 의미로 mountain(산), hill(언덕) 등이 가파르다고 표현할 때 사용해요.

It is a mountain with pretty steep and slippery trails.
꽤나 가파르고 미끄러운 산책로가 있는 산이야.

03 **Be careful with your footing.** 발 조심해.

be careful은 '조심해'라는 의미로 다들 잘 알고 있으시죠? with 뒤에 '발을 디딤(딛고 선 자리)'이라는 뜻의 footing을 써서 길이 미끄럽거나 고르지 않으니 발을 조심하라는 의미로 이 표현을 써요.

You should be careful with your footing. Otherwise, you will get hurt. 발 조심해. 안 그러면 다쳐.

04 **hold onto ~** ~에 매달리다, ~에 의지하다

onto는 '~(위)로'라는 뜻으로 hold(잡다, 쥐다)와 같이 사용해 무언가를 잡거나 무언가에 의지한다는 표현을 할 수 있어요.

Could you hold onto the handle? 손잡이 잡아 줄래?
Hold onto my hand. 내 손 잡아.

More Expressions

이번 UNIT 주제와 관련된 유용한 추가 표현들을 익혀 보세요.

01 **What an amazing view! / The view is amazing. / I love the view.** 경치 끝내준다!

02 **It is a perfect weather to hike.** 등산하기 딱 좋은 날씨야.

03 **Let's hold onto the rail on the side and walk down.**
여기 옆에 난간 잡고 내려가자.

04 **I sprained my ankle last time I went climbing. It's still painful.** 지난번에 등산하다 발목을 삐었어. 아직도 아프다.

sprain은 '(발목, 팔목을) 삐다, 접질리다'라는 의미예요.

05 **I almost fell down when I was going down because it was so slippery.** 내려갈 때 너무 미끄러워서 넘어질 뻔했어.

06 **We can take this trail to get over the hill.**
이 길을 따라가면 언덕을 넘을 수 있어.

(hiking) trail은 '등산로'라는 뜻이에요.

Practice

STEP 1 다음 우리말을 영어로 말해 보세요.

❶ 정상까지 가려면 얼마나 걸려?

❷ 여기 옆에 줄을 잡고 올라가자.

❸ 등산하기 딱 좋은 날씨야.

❹ 지난번에 등산하다 발목을 삐었어.

❺ 내려갈 때 너무 미끄러워서 넘어질 뻔했어.

STEP 2 음원을 들으며 상황 속에 들어가 직접 대답을 하며 대화를 이어가 보세요.

연습하기 41

How long does it take to reach the top?

여기서 삼십 분 정도 걸려. 산이 엄청 가파르고 미끄럽다. 발 조심해.

Okay, I will. Let's hold onto the rope on the side and walk up.

언제든 쉬고 싶을 때 말해.

UNIT 42
골프

너 핸디캡이 어떻게 돼?
What is your handicap?

넌 골프 얼마나 자주 쳐?
How often do you golf?

Dialogue

대화를 듣고 따라하며 상황 속에서 표현을 익혀 보세요.

A **Do you want to go golfing this weekend?**
이번 주말에 골프 치러 갈까?

B **Sure! What is your handicap?**
좋지! 너 핸디캡이 어떻게 돼?

A **I am a bogey player on a good day. How often do you golf?**
잘 맞는 날은 보기 플레이어야. 넌 골프 얼마나 자주 쳐?

B **I play twice a month on a course, but I play screen golf once a week.**
필드는 한 달에 두 번 가는데, 스크린 골프는 일주일에 한 번 가.

음원 듣기 42

단어는 255쪽에서 확인

Expressions

Dialogue에서 다룬 주요 표현들을 자세히 학습해 보세요.

01 go golfing(play a round of golf) 골프를 치러 가다

한국에서 '골프를 치다'라고 할 때 '라운딩 가다(go for a round)'라고 많이들 말하죠? 영어로는 go golfing이나 play a round (of golf)가 맞는 표현이에요.

I don't have time to go golfing this weekend.
이번 주말에 골프를 칠 시간이 없어.

02 What is your handicap? 핸디캡이 어떻게 돼?

handicap은 '장애, 불리한 조건'이란 뜻이지만 골프에서는 다른 의미로 사용해요. 정규 골프 코스 18홀 72타에서 어떤 사람이 '90타 쳐'라고 한다면 90–72=18, 핸디캡 18이라고도 표현해요. What do you usually hit in a round?(넌 보통 몇 타나 쳐?)라고 물어보기도 해요.

What is my handicap if I shoot 90? 90타 치면 내 핸디캡은 어떻게 되지?

03 bogey player 보기 플레이어

18홀 72타에서 1타씩 더 쳤을 경우(72+18=90타 전후로 마무리) '보기 플레이어'라 해요.

What is a bogey player? 보기 플레이어가 뭐야?

04 screen golf 스크린 골프

우리도 '스크린 골프'라고 말하죠? 영어도 역시 screen golf라고 말해요. '스크린 골프를 치다'라고 하면 play screen golf 또는 go screen golfing이라고 말할 수 있어요.

My office building has a screen golf facility.
내 사무실 건물에 스크린 골프 시설이 있어.

More Expressions

이번 UNIT 주제와 관련된 유용한 추가 표현들을 익혀 보세요.

01 My handicap is 26. / I'm a 26 handicapper.
제 핸디캡은 26이에요.

'핸디캡이 어떻게 돼?'라고 물었을 때 이렇게 대답할 수 있어요.

02 I am a single-digit handicapper. / I am a low handicapper. 전 싱글 쳐요.

single-digit은 '한 자릿수의'라는 뜻으로 '핸디캡이 1에서 9인, 보통 70대 타수를 치는'이라는 의미예요. 싱글 친다고 말할 때 I am single.(미혼이예요.)이라고 하시면 안 돼요.

03 I cannot hit straight today. 오늘 공이 잘 안 맞네요.

hit straight은 '똑바로 치다(공이 똑바로 가다)'라는 의미로 이 표현을 써요.

04 The ball is on the fairway. / You are on the fairway.
공이 페어웨이에 떨어졌어요.

fairway는 '잔디가 고르게 깎여진 지역'을 의미해요. 반대로 공이 '잡초 지대'에 떨어졌다고 표현하려면 in the rough를 사용해요.

05 The wind is blowing against us. / The wind is blowing with us. 바람이 반대 방향에서 불어. / 바람이 뒤에서 불어.

against는 '~에 반대하여'라는 의미, with는 '~와 함께'라는 의미예요.

Practice

STEP 1 다음 우리말을 영어로 말해 보세요.

❶ 이번 주말에 골프 치러 갈까?

❷ 잘 맞는 날은 보기 플레이어야.

❸ 제 핸디캡은 26이에요.

❹ 전 싱글 쳐요.

❺ 오늘 공이 잘 안 맞네요.

STEP 2 음원을 들으며 상황 속에 들어가 직접 대답을 하며 대화를 이어가 보세요.

연습하기 42

Do you want to go golfing this weekend?

좋지! 너 핸디캡이 어떻게 돼?

I am a bogey player on a good day. How often do you golf?

필드는 한 달에 두 번 가는데, 스크린 골프는 일주일에 한 번 가.

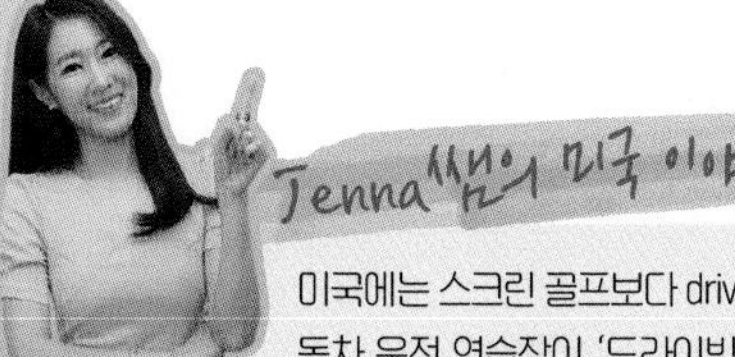

미국에는 스크린 골프보다 driving range (실외 골프 연습장)을 흔히 볼 수 있어요. 예전에는 자동차 운전 연습장이 '드라이빙 레인지'였어요. 골프에 미친 한 청년이 넓은 운전 연습장에서 샷 훈련을 해 골프 연습장이 되었다는 어원이 있어요.

Chapter 6

Review

우리말을 보고 영어로 말해 보세요.

01 채널 다른 데로 돌려도 돼?

02 그 프로그램 몇 시에 시작해?

03 그 영화가 요즘 완전 히트라며.

04 그 영화 주연 배우가 누구야?

05 디저트 먹을 배 있어?

06 계산서 주시겠어요?

07 샷 추가해서 그란데 사이즈 아이스 아메리카노 한 잔 주시겠어요?

08 여기에서 드시나요, 가져가시나요?

09 특별히 찾으시는 책이 있으세요?

10 요즘 베스트셀러가 뭐예요?

정답

01 Can I change the channel? 02 What time does the show come on? 03 I heard the movie is a big hit these days. 04 Who is the leading actor in the movie? 05 Do you have any room for dessert? 06 Can I have the check, please?, Excuse me, check please. 07 Can I get a grande iced americano with an extra shot? 08 Is that for here or to go? 09 Are you looking for any books in particular? 10 What's the best-selling book these days?

11 넌 취미가 뭐야?

12 난 대부분의 여가 시간을 외국어 배우는 데 보내.

13 난 이번 주말에 호캉스 가려고.

14 한국에서 핫한 곳이나 할 만한 거 추천해 주실래요?

15 우리 어젯밤에 진짜 많이 마셨어.

16 우리 앞으로는 적당히 마셔야겠어.

17 정상까지 가려면 얼마나 걸려?

18 지난번에 등산하다 발목을 삐었어.

19 이번 주말에 골프 치러 갈까?

20 오늘 공이 잘 안 맞네요.

---

11 What do you do for fun in your free time? 12 I spend most of my free time learning foreign languages. 13 I'm going to take a staycation at a hotel this weekend. 14 Could you recommend any hot places or things to do in Korea? 15 We got trashed last night. 16 We should drink in moderation from now on. 17 How long does it take to reach the top? 18 I sprained my ankle last time I went climbing. 19 Do you want to go golfing this weekend? 20 I cannot hit straight today.

Jenna's 영어회화 꿀팁

-ing vs. p.p. 완전 정복!

동사의 ing형과 p.p.형을 분사라고 해요. 분사는 문장에서 형용사처럼 사용할 수 있어요. 오늘은 이 분사의 사용법을 함께 알아볼까요?

❶ 현재 분사(~하는)

형태: 동사원형 + ing

의미: 능동, 진행

❷ 과거 분사(~된)

형태: 동사원형의 p.p.형

의미: 수동, 완료

우리가 일상생활에서 많이 쓰는 표현으로 연습해 볼까요?

- **interest:** interesting 재미있는, 흥미로운 / interested 재미있게 된, 관심이 있는
- **excite:** exciting 신나는 / excited 신나게 된
- **bore:** boring 지루한 / bored 지루하게 된

무언가가 어떻다고 말할 때는 현재 분사를, 무언가를 통해 느낀 감정을 말할 때는 과거 분사를 써요.

- **The book is interesting/exciting/boring.** 그 책은 재미있다/신난다/지루하다.
- **I'm interested/excited/bored.** 난 관심이 있어/신나/지루해.
- **The movie was boring, so I got bored.** 영화가 지루해서 난 지루해졌어.

과거 분사를 좀 더 연습해 볼까요? 어떻게 된 상태라는 걸 말할 때 과거 분사를 써요.

- **The broken toy needs to be repaired.** 부서진 장난감은 수리되어야 해.
- **boiled egg** 삶은 계란 / **fried egg** 달걀 프라이 / **scrambled egg** 스크램블

제나쌤의 관련 유튜브 강의

Chapter 7

경제 활동

UNIT 43
주식

너 주식 투자해?
Do you invest in stocks?

난 단기 투자는 투기라고 생각해.
I think short-term trading is speculation.

Dialogue

대화를 듣고 따라하며 상황 속에서 표현을 익혀 보세요.

A **Do you invest in stocks?**
너 주식 투자해?

B **Yeah, I tried short-term trading a few years ago but I only do long-term investment these days.**
응, 몇 년 전에는 단기 투자를 했었는데 요즘은 장기 투자만 해.

음원 듣기 43

A **I think short-term trading is speculation. Isn't it too risky?**
난 단기 투자는 투기라고 생각해. 너무 위험하지 않아?

B **Yes, I find it very nerve-racking. We should play it safe.**
응, 엄청 조마조마해. 신중하게 해야 돼.

단어는 256쪽에서 확인

Expressions

Dialogue에서 다룬 주요 표현들을 자세히 학습해 보세요.

01 invest in stocks 주식에 투자하다

invest in은 '~에 투자하다'라는 뜻이에요. 이 표현을 응용하여 invest in stocks는 '주식에 투자하다', invest in property는 '부동산에 투자하다'라는 뜻이 돼요.

I invest in stocks these days. 나 요새 주식 투자해.

02 short-term / long-term investment 단기 / 장기 투자

'단기'란 의미의 short-term과 '장기'란 의미의 long-term을 investment(투자)와 합성해 이 표현을 써요. 하지만 '단기'란 의미의 short-term은 투자보다는 '거래'라는 의미의 trading과 더 많이 사용해요.

I do both short-term and long-term investments.
난 단기 투자랑 장기 투자 둘 다 해.

03 speculation 투기

speculation은 '투기'라는 의미예요. short-term trading과 주로 같이 사용하는 표현이니 기억해 두시면 유용하겠죠?

Real estate speculation is booming these days.
요즘 부동산 투기 열풍이 불고 있어.

04 I find it ~ 내가 느끼기에 ~해

나의 '의견'을 말하는 I think와는 다르게 I find it은 뒤에 형용사를 써서 내가 경험한 일에 대해 과거부터 현재까지 '느끼는 감정'을 나타낼 때 써요. 뒤에 「to + 동사원형」을 붙여 어떤 일에 그런 감정을 느끼는지 표현할 수 있어요.

I find it hard to get along with them. 그 사람들이랑 잘 지내는 건 힘들어.

More Expressions

이번 UNIT 주제와 관련된 유용한 추가 표현들을 익혀 보세요.

01 I have 100 shares of Google stocks. 난 구글 주식 100주 있어.

02 I only invest in blue chips. 난 우량주에만 투자해.

blue chips는 주식 시장에서 '대형 우량주'란 의미예요. 미국의 소 품평회에서 우량으로 판정된 소가 파란 천을 둘렀다는 데서 유래됐다고 해요.

03 Fortunately, I didn't lose any money, but I broke even.
다행히 돈은 안 잃고 본전치기했어.

break even은 '본전치기를 하다'라는 뜻이에요. even은 '고른, 일정한'이란 뜻이므로 '이익도 손실도 없다'라는 의미로 추측 가능하죠?

04 It is a bear market now. 요즘 약세 시장이야.

bear(곰)는 싸울 때 아래로 내려찍는 자세를 취한다는 데 빗대 bear market을 '하락장'이라 하고, 이에 반해 bull(황소)은 싸울 때 뿔을 위로 치받는다 하여 '상승장'을 bull market이라 불러요.

05 Which stock pays the highest dividend?
배당금이 가장 높은 주식이 뭐야?

'배당금'은 dividend라고 해요.

Practice

STEP 1 다음 우리말을 영어로 말해 보세요.

❶ 너 주식 투자해?

❷ 난 단기 투자는 투기라고 생각해.

❸ 난 구글 주식 100주 있어.

❹ 난 우량주에만 투자해.

❺ 배당금이 가장 높은 주식이 뭐야?

STEP 2 음원을 들으며 상황 속에 들어가 직접 대답을 하며 대화를 이어가 보세요.

연습하기 43

Do you invest in stocks?

응, 몇 년 전에는 단기 투자를 했었는데 요즘은 장기 투자만 해.

I think short-term trading is speculation. Isn't it too risky?

응, 엄청 조마조마해. 신중하게 해야 돼.

Jenna쌤의 미국 이야기

미국에는 401k plan이라 불리는 퇴직 연금이 있어요. 매달 일정량을 저축하는 것인데 한국과 다른 점은 단순 저축이 아닌 저축금의 상당 부분을 주식, 주식형 펀드에 투자 한다는 점이에요. 401k 계좌에 들어가 직접 관리도 할 수 있어요.

UNIT 44

신용 카드 할부로 내고 있어.

I'm paying in installments.

난 주로 일시불로 내.
I usually pay in full.

Dialogue

대화를 듣고 따라하며 상황 속에서 표현을 익혀 보세요.

A **Look, I bought this new sofa set.**
이것 봐, 나 이 소파 새로 샀어.

B **Nice, is that leather? It looks very high-end. Wasn't it quite expensive?**
좋다, 그거 가죽이야? 고급스러워 보인다. 꽤 비싸지 않았어?

음원 듣기 44

A **I'm paying in installments. It is 12 months interest-free.**
할부로 내고 있어. 12개월 무이자더라고.

B **That's a good deal. I usually pay in full. I hate the feeling of owing someone.**
잘 샀네. 난 주로 일시불로 내. 누군가에게 빚진 느낌이 싫거든.

단어는 256쪽에서 확인

Expressions

Dialogue에서 다룬 주요 표현들을 자세히 학습해 보세요.

01 pay (for ~) in installments (~을) 할부로 사다

installment는 '할부금'이라는 뜻으로 pay in installments라고 하면 '할부로 사다'라는 의미가 돼요. 어떤 걸 할부로 샀는지 말하고 싶으면 pay 뒤에 「for + 무엇」을 넣어 표현할 수 있어요.

I paid for my cellphone in installments. 나 휴대 전화를 할부로 샀어.

02 interest-free 무이자(의)

interest-free는 '무이자의'라는 뜻이에요. 앞에 얼마 동안 무이자인지 그 기간을 넣어 '~개월 무이자'라는 표현을 써요.

I bought my TV with a 12-month interest-free installment plan.
12개월 무이자 할부로 TV를 샀어.

03 pay (for ~) in full (~을) 일시불로 내다

pay in full, pay in a lump sum, pay in a single payment는 '일시불로 내다'라는 뜻이에요. pay 다음에 「for + 무엇」과 같이 사용해 이 표현을 써요.

Would you like to pay for the sofa in full or in installments?
소파를 일시불로 하시겠어요, 아니면 할부로 하시겠어요?

04 feeling of ~ing ~한 느낌

'느낌'이란 뜻의 feeling 뒤에 「of + 동사ing」를 넣어 '~한 느낌'이라는 표현을 할 수 있어요.

I had the feeling of being followed. 난 누군가가 나를 따라오는 느낌이 들었어.

More Expressions

이번 UNIT 주제와 관련된 유용한 추가 표현들을 익혀 보세요.

01 **I lost my credit card. I need to call the bank to report the loss.** 신용 카드를 잃어버렸어. 은행에 전화해서 분실 신고해야 해.

report the loss는 '분실 신고를 하다'라는 뜻이에요.

02 **What is your monthly credit limit?** 월 신용 한도가 얼마야?

monthly는 '매월'이란 뜻이에요. '신용 한도'라는 뜻의 credit limit과 같이 사용해 '월 신용 한도'라는 의미가 돼요.

03 **I use my credit card to earn reward points.**
난 포인트 적립하려고 신용 카드를 사용해.

earn은 '벌다, 얻다'라는 뜻이에요. reward points(포인트) 또는 cashback(캐시백)을 같이 사용해 '적립하다'라는 의미로 말할 수 있어요.

04 **My credit card offers a 5% discount on online purchases.** 내 신용 카드로 온라인 구매 시 5% 할인해 줘.

offer은 '제공하다'라는 의미로 5% discount와 같이 사용해 '5% 할인해 준다'라고 표현할 수 있어요.

05 **I would like to pay in three-month installments.**
3개월 할부로 해주세요.

Practice

STEP 1 다음 우리말을 영어로 말해 보세요.

❶ 할부로 내고 있어.

❷ 12개월 무이자더라고.

❸ 월 신용 한도가 얼마야?

❹ 난 포인트 적립하려고 신용 카드를 사용해.

❺ 3개월 할부로 해주세요.

STEP 2 음원을 들으며 상황 속에 들어가 직접 대답을 하며 대화를 이어가 보세요.

연습하기 44

Look, I bought this new sofa set.

와, 그거 가죽이야? 고급스러워 보인다. 꽤 비싸지 않았어?

I'm paying in installments. It is 12 months interest-free.

잘 샀네. 난 주로 일시불로 내. 누군가에게 빚진 느낌이 싫거든.

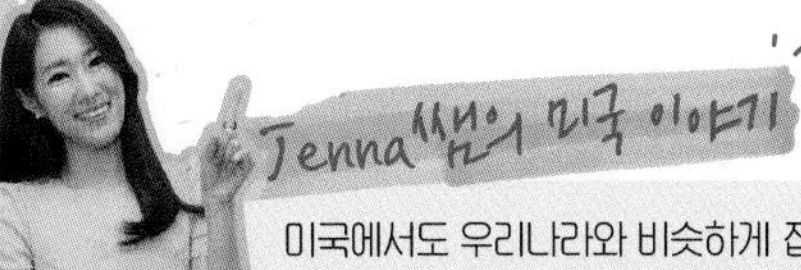

미국에서도 우리나라와 비슷하게 집이나 건물을 살 때 credit score(신용 점수)가 mortgage interest rate(담보 대출 이자율)에 중요한 영향을 미치기 때문에 credit history(신용 기록)를 쌓기 위해 신용 카드를 이용하는 사람들이 많아요. 미국에서 현금으로 집을 살 것이 아니라면 credit score를 열심히 높여야겠죠?

UNIT 45

부동산

건물 가치가 얼마나 돼?

How much is the building worth?

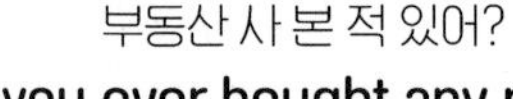
부동산 사 본 적 있어?
Have you ever bought any property?

Dialogue

대화를 듣고 따라하며 상황 속에서 표현을 익혀 보세요.

A **Have you ever bought any property?**
부동산 사 본 적 있어?

B **Not me, but my parents own a commercial building in Gangnam.**
나 말고 우리 부모님께서 강남에 상업용 건물을 가지고 계셔.

음원 듣기 45

A **Really? You were born with a silver spoon in your mouth! How much is the building worth if you don't mind me asking?**
정말? 너 금수저구나! 건물의 가치가 얼마나 되는지 물어봐도 돼?

B **I think it's about 20 billion won.**
200억 원 정도 되는 거 같아.

단어는 256쪽에서 확인

Expressions

Dialogue에서 다룬 주요 표현들을 자세히 학습해 보세요.

01 **buy property** 부동산을 사다

property는 '재산'이란 의미도 있지만 '부동산, 건물'이란 뜻이기도 해요. '부동산을 사다'라고 할 때 이 표현을 써요.

I'm thinking about buying property in the US.
나 미국에서 부동산 살까 생각 중이야.

02 **commercial building** 상업용 건물

'상업용 건물'은 commercial building이라고 해요. '주거 건물'은 residential building이라고 해요.

★ own은 '소유하다'라는 뜻이에요.

I wish I owned a commercial building to rent out.
임대할 상업용 건물 하나만 있었으면 좋겠다.

03 **be born with a silver spoon in one's mouth** 금수저다, 부잣집에 태어나다

요새 우리가 정말 자주 사용하는 '금수저'라는 말이 있죠? 영어로는 오래전부터 부의 상징이던 '은수저'란 단어를 사용해 '은수저를 물고 태어나다'라는 의미의 이 표현을 써요.

Not every man is born with a silver spoon in his mouth. (서양 속담)
모든 사람이 은수저(재산)를 물고 태어나지는 않는다.

04 **How much is ~ worth?** ~의 값이(가치가) 얼마나 돼?

'얼마'라는 뜻의 how much와 '~의 가치가 있는'이란 뜻의 worth를 같이 사용해 '가치가 얼마나 돼?'라는 질문을 할 수 있어요.

May I ask how much your house is worth? 너희 집 얼마인지 물어봐도 돼?

More Expressions

이번 UNIT 주제와 관련된 유용한 추가 표현들을 익혀 보세요.

01 The value of the apartment has gone up a lot.
아파트 값이 많이 올랐어.

go up은 '오르다'라는 의미로 가격(가치)과 같이 사용해 이 표현을 써요. 비슷한 표현으로는 increase, rise를 쓸 수 있고, 반대 의미로 '내리다'는 go down, decrease, drop을 써요.

02 I'm renting out my apartment. 나 아파트 세놓았어.

'임대하다, 세놓다'라는 뜻의 rent와 '밖, 바깥에'라는 뜻의 부사 out을 함께 써서 '세를 놓다'라는 의미로 사용해요.

03 How long is the lease?
임대 계약 기간은 얼마야?

lease는 '임대 계약'이란 의미로 rental contract라고도 해요.

04 I'm looking for a place to rent. 나 임대할 곳을 찾고 있어.

look for a place는 '장소를 찾다'라는 의미로 뒤에 「to + 동사원형」을 써서 '~할 곳을 찾다'라고 표현해요. (e.g. to rent, to live, to stay)

05 I have a friend who is a realtor.
나 부동산 중개인 친구가 있어.

Practice

STEP 1 다음 우리말을 영어로 말해 보세요.

1. 부동산 사 본 적 있어?
2. 너 금수저구나!
3. 나 아파트 세놓았어.
4. 임대 계약 기간은 얼마야?
5. 나 임대할 곳을 찾고 있어.

STEP 2 음원을 들으며 상황 속에 들어가 직접 대답을 하며 대화를 이어가 보세요.

연습하기 45 

Have you ever bought any property?

나 말고 우리 부모님께서 강남에 상업용 건물을 가지고 계셔.

Really? You were born with a silver spoon in your mouth! How much is the building worth if you don't mind me asking?

200억 원 정도 되는 거 같아.

UNIT 46

은행

당좌 예금 계좌를 만들고 싶어요.

I want to open a checking account.

5,000 달러를 입금하려고요.

I would like to deposit $5,000.

Dialogue

대화를 듣고 따라하며 상황 속에서 표현을 익혀 보세요.

A **I want to open a checking account, please. I would like to deposit $5,000.**

당좌 예금 계좌를 만들고 싶어요. 5,000달러를 입금하려고요.

B **Could you fill out the application form here?**

여기 이 신청서를 작성해 주시겠어요?

음원 듣기 46

A **Sure, here you go. How long do I have to wait to get a debit card?**

네, 여기 있습니다. 직불 카드를 받으려면 얼마나 기다려야 하죠?

B **You need to wait 5-7 business days to receive it by mail.**

우편으로 받으시려면 보통 영업일 기준 5-7일을 기다리셔야 해요.

단어는 257쪽에서 확인

Expressions

Dialogue에서 다룬 주요 표현들을 자세히 학습해 보세요.

01 open a checking account 당좌 예금 계좌를 만들다

open an account는 '계좌를 개설하다'라는 뜻이에요. '당좌 예금 계좌'는 checking account라 하고 '저축 통장 계좌'는 savings account라고 해요.

I need to open a checking account. 난 당좌 예금 계좌를 만들어야 해.

02 I would like to deposit(withdraw). 입금(출금)하고 싶어요.

deposit은 '입금하다', withdraw는 '출금하다'라는 뜻이에요. I would like to(~하고 싶다)와 같이 사용해 예의 있게 표현 할 수 있어요.

How much money would you like to deposit? 얼마나 입금하실 건가요?

03 fill out the application form 신청서를 작성하다

fill out은 '작성하다'라는 의미예요. application form(신청서)과 같이 이 표현을 써요.

Please fill out the application form in capitals.
신청서는 대문자로 작성해 주세요.

04 business day 영업일

business day는 '영업일, 평일'을 의미해요. wait 5-7 business days라 하면 일주일 정도 기다려야 한다는 의미예요.

We guarantee delivery within 7 business days.
영업일 7일 이내에 배송을 보장합니다.

More Expressions

이번 UNIT 주제와 관련된 유용한 추가 표현들을 익혀 보세요.

01 I find mobile banking very easy and convenient.
모바일 뱅킹은 엄청 간단하고 편리한 거 같아.

여기에서 사용된 find는 '찾다'라는 의미가 아닌 '생각하다, 여기다'라는 의미예요.

02 Mobile banking saves me a lot of time on making trips to the bank. 모바일 뱅킹은 은행에 갈 시간을 많이 절약해 줘.

save a lot of time은 '시간을 많이 절약해 주다'라는 뜻이예요. make a trip은 '여행하다'라는 의미가 아닌 '가다'라는 의미로 사용했어요.

03 What is the minimum amount to open a checking account? 당좌 예금을 개설할 수 있는 최소 금액이 얼마예요?

minimum amount는 '최저액'이란 의미로 뒤에 of money를 생략하고 사용할 수 있어요.

04 I'm going to the bank to withdraw money at an ATM.
현금 자동 인출기에서 돈 인출하러 은행에 가.

05 My savings account will mature in a month.
적금 한 달 후면 만기야.

mature은 '성숙한, 발달하다'라는 뜻으로 많이 사용하죠? 여기에서는 '만기가 되다'라는 의미예요.

Practice

STEP 1 다음 우리말을 영어로 말해 보세요.

❶ 여기 이 신청서를 작성해 주시겠어요?

❷ 모바일 뱅킹은 엄청 간단하고 편리한 거 같아.

❸ 당좌 예금을 개설할 수 있는 최소 금액이 얼마예요?

❹ 현금 자동 인출기에서 돈 인출하러 은행에 가.

❺ 적금 한 달 후면 만기야.

STEP 2 음원을 들으며 상황 속에 들어가 직접 대답을 하며 대화를 이어가 보세요.

연습하기 46

당좌 예금 계좌를 만들고 싶어요. 5,000달러를 입금하려고요.

Could you fill out the application form here?

네, 여기 있습니다. 직불 카드를 받으려면 얼마나 기다려야 하죠?

You need to wait 5-7 business days to receive it by mail.

Chapter 7

Review

우리말을 보고 영어로 말해 보세요.

01 너 주식 투자해?

02 난 구글 주식 100주 있어.

03 난 우량주에만 투자해.

04 다행히 돈은 안 잃고 본전치기했어.

05 배당금이 가장 높은 주식이 뭐야?

06 할부로 내고 있어.

07 12개월 무이자야.

08 월 신용 한도가 얼마야?

09 난 포인트 적립하려고 신용 카드를 사용해.

10 3개월 할부로 해주세요.

정답

01 Do you invest in stocks? 02 I have 100 shares of Google stocks. 03 I only invest in blue chips. 04 Fortunately, I didn't lose any money, but I broke even. 05 Which stock pays the highest dividend? 06 I'm paying in installments. 07 It is 12 months interest-free. 08 What is your monthly credit limit? 9 I use my credit card to earn reward points. 010 I would like to pay in three-month installments.

11 부동산 사 본 적 있어?

12 우리 부모님께서 강남에 상업용 건물을 가지고 계셔.

13 아파트 값이 많이 올랐어.

14 나 아파트 세놓았어.

15 임대 계약 기간은 얼마야?

16 당좌 예금 계좌를 만들고 싶어요.

17 5,000 달러를 입금하려고요.

18 모바일 뱅킹은 엄청 간단하고 편리한 거 같아.

19 현금 자동 인출기에서 돈 인출하러 은행에 가.

20 적금 한 달 후면 만기야.

---

11 Have you ever bought any property? 12 My parents own a commercial building in Gangnam. 13 The value of the apartment has gone up a lot. 14 I'm renting out my apartment. 15 How long is the lease? 16 I want to open a checking account, please. 17 I would like to deposit $5,000. 18 I find mobile banking very easy and convenient. 19 I'm going to the bank to withdraw money at an ATM. 20 My savings account will mature in a month.

Jenna's 영어회화 꿀팁

수다 떨 때 100% 활용하는 영어 표현 1

- **What do you say?** 어때?
- **I get that a lot.** 나 그런 소리 많이 들어.
- **Have it your way!** 너 좋을대로 해!
- **What's your point?** 무슨 말을 하려는 거야?
- **Let your hair down.** 터놓고 얘기하자.
- **Something smells fishy.** 뭔가 수상한데.
- **Don't mind me.** 난 신경 안 쓰니 맘대로 해.
- **Don't put her in a corner.** 걔 너무 다그치지 마.
- **He asked for it.** 스스로 무덤을 판 거지.
- **A little bird told me.** 누가 그러던데.
- **Just leave me out of this.** 난 끌어들이지 마.
- **We are on the same page.** 난 너랑 같은 생각이야.
- **Do the math.** 생각을 해.
- **Something's come up.** 갑자기 일이 생겼어.
- **We are just goofing around.** 우리 그냥 빈둥거리고 있어.
- **We were just chit-chatting.** 잡담 나누고 있었지.
- **It's a little bit below the belt.** 좀 치사하긴 하다.
- **That came out wrong.** 이건 실수. (말이 잘못 나옴)
- **What is that supposed to mean? / What does that mean?** 무슨 뜻이야?
- **You have my word.** 약속할게.

제나쌤의 관련 유튜브 강의

Chapter 8

휴대폰, 인터넷, SNS

UNIT 47

스마트폰 너 스마트폰 새로 샀구나!

You got a new smartphone!

배터리가 너무 금방 닳아.
The battery is draining too fast.

Dialogue

대화를 듣고 따라하며 상황 속에서 표현을 익혀 보세요.

A **You got a new smartphone! Which data plan did you sign up for?**
너 스마트폰 새로 샀구나! 요금제는 어떤 걸로 했어?

B **Yes, it's $75 a month with unlimited data.**
응, 데이터 무제한으로 월 75달러야.

음원 듣기 47

A **I see. It's about time for me to get a new phone, too. My battery is draining too fast.**
그렇구나. 나도 새 휴대폰 살 때 됐는데. 배터리가 너무 금방 닳아.

B **The new iPhone was released this month. You should get it!**
이번 달에 아이폰 새로 나왔잖아. 그거 사!

단어는 257쪽에서 확인

Expressions

Dialogue에서 다룬 주요 표현들을 자세히 학습해 보세요.

01 sign up for a data plan 요금제 ~에 가입하다

data plan은 '데이터 요금제'란 표현이에요. '~에 가입하다'라는 뜻의 sign up for와 함께 써서 요금제에 가입했다는 표현을 할 수 있어요.

I signed up for a new data plan. 나 새로 요금제 가입했어.

02 It's about time for me to ~ ~를 해야 할 때이다

무엇을 할 때인지 말하려면 to 뒤에 할 일을 동사원형으로 넣어 사용해요.

It's about time for me to quit my job. 이제 직장 그만 둘 때가 됐어.

03 drain 닳다

배터리가 '너무 빨리 닳다'라는 표현은 '소모되다'라는 뜻의 drain과 '너무 빨리'라는 뜻의 too fast를 함께 써요.

Plus! 진짜 진 빠진다. / 진짜 힘들다.
It's really draining.

Why is my phone's battery draining so fast?
내 휴대폰의 배터리는 왜 이렇게 빨리 닳지?

04 be released 출시되다

신제품이 '출시되다'라고 말할 때 come out과 더불어 이 표현을 써요. 영화가 개봉되거나, 음반이 발매된다고 할 때처럼 무언가 공개된다고 할 때도 이 표현을 사용해요.

The new game was released last week. 새 게임이 지난주에 출시되었어.
The full music video will be released soon.
뮤직비디오 전체가 곧 공개될 거야.

More Expressions

이번 UNIT 주제와 관련된 유용한 추가 표현들을 익혀 보세요.

01 Put your phone on silent mode.

휴대폰 무음 모드로 바꿔.

02 I need to free up some space on my phone.

휴대폰 공간 좀 비워야겠다.

free up은 '~을 해방하다, ~를 풀어주다'라는 의미로 '공간을 비우다'라고 할 땐 free up some space라고 해요.

03 I just sent you a text. / I just texted you.

방금 너한테 문자 보냈어.

「send (+ 목적어) + a text」는 '~에게 문자를 보내다'라는 의미예요. 짧게는 「text + 목적어」와 같이 쓸 수도 있어요.

04 My phone is about to die.

나 휴대폰 곧 꺼질 것 같아.

be about to는 '~할 직전이다'라는 의미로 die와 같이 사용하면 '죽기 직전이다'란 의미가 돼요. 휴대폰이 죽는다는 건 배터리가 나간다는 의미겠죠? 같은 의미로 run out of battery라고도 사용할 수 있어요.

05 I have three missed calls (from Tyler).

(Tyler한테) 부재중 전화 3통이 와 있어.

Practice

STEP 1 다음 우리말을 영어로 말해 보세요.

1. 요금제는 어떤 걸로 했어?
2. 배터리가 너무 금방 닳아.
3. 휴대폰 공간 좀 비워야겠다.
4. 나 휴대폰 곧 꺼질 것 같아.
5. Tyler한테 부재중 전화 3통이 와 있어.

STEP 2 음원을 들으며 상황 속에 들어가 직접 대답을 하며 대화를 이어가 보세요.

연습하기 47

You got a new smartphone! Which data plan did you sign up for?

응, 데이터 무제한으로 월 75달러야.

I see. It's about time for me to get a new phone, too. My battery is draining too fast.

이번 달에 아이폰 새로 나왔잖아. 그거 사!

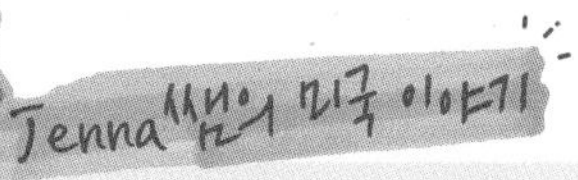

스마트폰의 등장으로 우리 삶은 정말 스마트해졌어요. 하지만, Nomophobia(노모포비아)라는 말 들어 보셨나요? No mobile-phone phobia의 줄임말로 '휴대폰 금단 현상'이란 뜻이에요.

UNIT 48

어플

너 사진 어플 뭐 사용해?

Which photo editing app do you use?

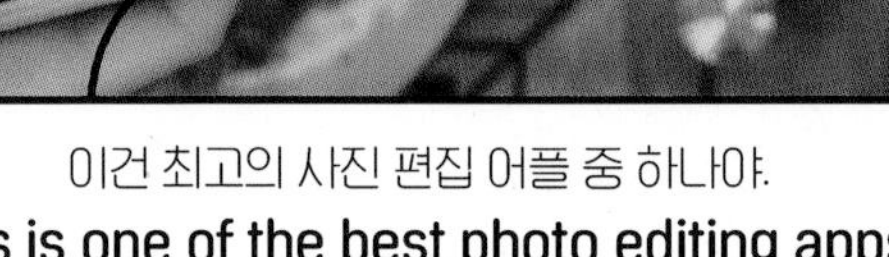
이건 최고의 사진 편집 어플 중 하나야.
This is one of the best photo editing apps.

Dialogue

대화를 듣고 따라하며 상황 속에서 표현을 익혀 보세요.

A **Which photo editing app do you use? I love your pictures on your Instagram.**
넌 사진 어플 뭐 사용해? 네 인스타그램 사진들 정말 예쁘더라.

B **Try to install this on your phone. This is one of the best photo editing apps.**
이거 너도 휴대폰에 설치해 봐. 이건 최고의 사진 편집 어플 중 하나야.

음원 듣기 48

A **Cool, can I download it from the App Store?**
와, 앱 스토어에서 다운로드할 수 있어?

B **Of course! It's very easy to use, and doesn't cost a penny.**
응, 그럼! 사용하기에도 간단하고 무료야.

단어는 258쪽에서 확인

Expressions

Dialogue에서 다룬 주요 표현들을 자세히 학습해 보세요.

01 photo editing app 사진 편집 어플

요즘은 스마트폰 사진이 정말 예쁘죠? 그만큼 다양한 사진 어플이 있어요. 영어로는 이런 어플을 '사진'의 photo와 '편집'의 editing을 같이 사용해 불러요.

Could you recommend me a good photo editing app?
사진 편집 어플 좋은 거 추천해 줄래?

02 Try to install ~ ~를 설치해 봐

try to는 '~를 시도하다, ~를 해 보다'라는 뜻이에요. to 뒤에 '(어플)을 설치하다'란 의미의 install을 써서 '어플을 설치해 봐.'라는 표현을 할 수 있어요.

Why don't you try to install this app on your phone?
네 휴대폰에 이 어플 설치해 보는 건 어때?

03 download it from ~ ~에서 다운로드하다

우리가 외래어로 자주 사용하는 download는 말 그대로 '다운로드하다'라는 의미로 from과 같이 써서 어디에서 다운로드를 받는지 나타낼 수 있어요.

You could download that app from the App Store.
그 어플은 앱 스토어에서 다운로드할 수 있어.

04 It doesn't cost a penny. 한 푼도 들지 않는다.

penny는 '1센트'란 의미의 단어예요. 즉, '1센트도 안 든다'라는 의미로 이 표현을 써요. '돈이 꽤 들다'라는 표현은? It costs a pretty penny.라고 해요.

It doesn't cost me a penny to compliment someone.
누군가를 칭찬하는 데는 한 푼도 들지 않아.

More Expressions

이번 UNIT 주제와 관련된 유용한 추가 표현들을 익혀 보세요.

01 I use KakaoTalk or WhatsApp to send messages.
난 카카오톡이나 왓츠앱으로 메시지 보내.

02 Can I download this app for free?
이 어플 무료로 다운로드할 수 있어?

for free는 '공짜로, 무료로'라는 뜻이에요.

03 What are the must-have apps? 꼭 필요한 어플이 뭐야?

must-have는 형용사로 '꼭 필요한'이란 의미예요.

04 This app is not downloading, saying it's not available in my country.
이 어플 우리나라에서 사용할 수 없다면서 다운로드가 안 돼.

어플을 다운로드할 때 정말 자주 보는 문구예요. not available in my country는 '우리나라에서는 이용할 수 없는'이란 의미예요.

05 You can buy extra contents inside an app. They are called in-app purchases.
어플 안에서 추가 콘텐츠를 살 수 있어. 인앱 결제라고 해.

Practice

STEP 1 다음 우리말을 영어로 말해 보세요.

❶ 넌 사진 어플 뭐 사용해?

❷ 이 어플 무료로 다운로드할 수 있어?

❸ 꼭 필요한 어플이 뭐야?

❹ 이 어플은 다운로드가 안 돼.

❺ 앱 안에서 추가 콘텐츠를 살 수 있어.

STEP 2 음원을 들으며 상황 속에 들어가 직접 대답을 하며 대화를 이어가 보세요.

연습하기 48

Which photo editing app do you use?
I love your pictures on your Instagram.

이거 너도 휴대폰에 설치해 봐. 이건 최고의 사진 편집 어플 중 하나야.

Cool, can I download it from the App Store?

응, 그럼! 사용하기에도 간단하고 무료야.

UNIT 49

인터넷

와이파이가 끊겼나 봐.

I think the Wi-Fi got disconnected.

나 빨리 뭐 좀 검색해도 돼?

Can I google something really quick?

Dialogue

대화를 듣고 따라하며 상황 속에서 표현을 익혀 보세요.

A **I need to upgrade my browser to the latest version. I can't stream the songs through it.**

브라우저를 최신 버전으로 업그레이드해야겠어. 노래 스트리밍이 안 돼.

B **Hey, hold on a sec. Can I google something really quick before you do it?**

어, 잠깐만. 그럼 그 전에 나 빨리 뭐 좀 검색해도 돼?

음원 듣기 49

A **All right. Let me sign out from my account first.**

알았어. 내 계정 먼저 로그아웃할게.

B **Jeez, the Internet connection is too slow. I think the Wi-Fi got disconnected.**

이런, 인터넷 연결이 너무 느리네. 와이파이가 끊겼나 봐.

단어는 258쪽에서 확인

Expressions

Dialogue에서 다룬 주요 표현들을 자세히 학습해 보세요.

01 upgrade ~ to the latest version

~를 최신 버전으로 업그레이드하다

upgrade to는 '~으로 개선하다'라는 뜻이에요. '최신 버전'이란 의미의 the latest version과 함께 이 표현을 써요.

I'm going to upgrade the browser to the latest version.
브라우저를 최신 버전으로 업그레이드할 거야.

02 google 인터넷(구글)으로 검색하다

우리가 너무 잘 알고 있는 google은 동사로 '검색하다'라는 뜻이에요.

You can google him. 그 사람 검색하면 나와.

03 sign out from one's account 계정에서 로그아웃하다

'로그아웃하다'라고 하면 log out을 먼저 떠올리게 되는데요, 컴퓨터 시스템에서는 log out이라 하고 인터넷 네트워크 계정에서는 sign out이란 표현을 써요.

Let me sign out from my e-mail(Google, YouTube) account.
내 이메일(구글, 유튜브) 계정에서 로그아웃할게.

04 get disconnected 끊기다

disconnected는 connected의 반대말로 '연결이 끊긴'이라는 뜻으로 써요. got disconnected는 '(통신 장애로) 전화(인터넷, 와이파이)가 끊기다'라고 할 때 써요.

The Wi-Fi is very unstable. I think it got disconnected.
와이파이가 굉장히 불안정해. 연결이 끊긴 것 같아.

More Expressions

이번 UNIT 주제와 관련된 유용한 추가 표현들을 익혀 보세요.

01 Let's look it up on the Internet. 인터넷에서 찾아보자.

look up은 '찾아보다, 조회해보다'라는 뜻인데 간단하게 google이라고 할 수 있어요.

02 Let's bookmark the site. 사이트 즐겨찾기에 추가하자.

bookmark는 '책갈피'라는 의미도 있지만 동사로 사용할 때는 '(인터넷의) 즐겨찾기에 추가하다'라는 의미예요.

03 You drag the image to your folder to save it.
이미지를 폴더로 끌어와서 저장해.

컴퓨터를 사용할 때 '~에 이미지 끌어다 놔'라는 표현 정말 많이 사용하죠? 그럴 때 drag the image to ~라는 표현을 써요.

04 Can you scroll the page up?
페이지 위로 스크롤 할 수 있어?

외래어로도 많이 익숙해진 표현이죠? '스크롤 업', '스크롤 다운'은 영어로 그대로 scroll up, scroll down으로 써요.

05 You double click on the picture to enlarge it.
사진 두 번 클릭하면 확대 돼.

Practice

STEP 1 다음 우리말을 영어로 말해 보세요.

1. 브라우저를 최신 버전으로 업그레이드해야겠어.
2. 내 계정 먼저 로그아웃할게.
3. 인터넷에서 찾아보자.
4. 사이트 즐겨찾기에 추가하자.
5. 사진 두 번 클릭하면 확대 돼.

STEP 2 음원을 들으며 상황 속에 들어가 직접 대답을 하며 대화를 이어가 보세요.

연습하기 49

I need to upgrade my browser to the latest version. I can't stream the songs through it.

어, 잠깐만. 그럼 그 전에 나 빨리 뭐 좀 검색해도 돼?

All right. Let me sign out from my account first.

이런, 인터넷 연결이 너무 느리네. 와이파이가 끊겼나 봐.

UNIT 50
SNS

너 그 여행 브이로그 유튜브에 업로드했어?
Have you uploaded the travel vlog on YouTube?

널 좋아해 주는 구독자들이 많이 있잖아.
There are many more subscribers who support you.

Dialogue

대화를 듣고 따라하며 상황 속에서 표현을 익혀 보세요.

A **Have you uploaded the travel vlog on YouTube?**
너 그 여행 브이로그 유튜브에 업로드했어?

B **Not yet. There have been haters leaving mean comments lately. I'm not sure how to deal with them.**
아니, 아직. 요새 악플을 다는 악플러들이 있어. 그 사람들을 어떻게 해결해야 할지 모르겠어.

음원 듣기 50

A **Don't feed the trolls. There are many more subscribers who support you.**
악플러들한테 반응하지 마. 널 좋아해 주는 구독자들이 많이 있잖아.

B **True. The bigger my channel gets, the more haters I will get.**
그래. 채널이 커질수록 악플러도 늘어날 테니까.

단어는 258쪽에서 확인

Expressions

Dialogue에서 다룬 주요 표현들을 자세히 학습해 보세요.

01 upload the travel vlog 여행 브이로그를 업로드하다

요즘 브이로그가 큰 인기죠? video와 blog를 합친 말로 자신의 일상을 동영상으로 촬영해 공유하는 걸 이렇게 표현해요.

How often do you upload your vlog on YouTube?
유튜브에 브이로그 얼마나 자주 업로드해?

02 haters leave mean comments 악플러들이 악플을 달다

악성 댓글을 다는 사람을 악플러라 하죠? 영어로는 hater, troll, keyboard warrior라 해요. 악플러들이 악성 댓글을 다는 행위를 나타낼 때 이 표현을 사용해요.

Haters have been leaving mean comments on my vlogs lately.
악플러들이 요새 내 브이로그들에 악플을 남기고 있어.

03 feed the trolls 악플러들한테 반응하다

feed는 '먹이를 주다'라는 의미죠? 직역으로 '악플러들한테 먹이를 주지 마'라는 의미로 '반응하지 마'라고 할 때 이 표현을 써요.

Don't feed the trolls. Ignore them. 악플러들한테 반응하지 마. 무시해.

04 the 비교급 ~, the 비교급 ~ ~하면 할수록 더욱 ~하다

일반적으로 비교급 앞에는 정관사 the를 사용하지 않지만 '~하면 할수록 더욱 ~하다'라는 의미로 사용할 때 이렇게 표현해요.

The sooner, the better. 빠르면 빠를수록 더 좋아.

More Expressions

이번 UNIT 주제와 관련된 유용한 추가 표현들을 익혀 보세요.

01 He's just trolling you. / He's just a troll.
일부러 네 화를 부추기는 거야. / 걘 그냥 악플러야.

02 Most businesses use social media for marketing purposes. 대부분의 기업은 마케팅 목적으로 SNS를 사용해.

우리가 SNS라 사용하는 단어는 Social Network Service의 약자로 콩글리시예요. social media가 맞는 표현이에요.

03 Oversharing online can lead to cyberbullying.
온라인에서 과다하게 공유하면 사이버 폭력으로 이어질 수 있어.

'가상 공간(사이버)'을 뜻하는 cyber와 '집단 따돌림'을 뜻하는 bullying이 합쳐져 생겨난 신조어예요.

04 His new music video is going viral on YouTube.
그의 새 뮤직비디오는 유튜브에서 엄청 인기 끌고 있어.

viral은 '바이러스(성)의'란 의미로, 요즘은 '(SNS를 통해) 유포되는, 퍼지는'이란 뜻으로 사용해요. go viral은 '입소문이 나다(인기를 끌다)'라는 의미예요.

05 I don't do social media. 난 SNS 안 해.

06 Please subscribe to my channel. 제 채널을 구독해 주세요.

Practice

STEP 1 다음 우리말을 영어로 말해 보세요.

❶ 너 그 여행 브이로그 유튜브에 업로드했어?

❷ 악플러들한테 반응하지 마.

❸ 그의 새 뮤직비디오는 유튜브에서 엄청 인기 끌고 있어.

❹ 난 SNS 안 해.

❺ 제 채널을 구독해 주세요.

STEP 2 음원을 들으며 상황 속에 들어가 직접 대답을 하며 대화를 이어가 보세요.

연습하기 50

Have you uploaded the travel vlog on YouTube?

아니, 아직. 요새 악플을 다는 악플러들이 있어. 그 사람들을 어떻게 해결해야 할지 모르겠어.

Don't feed the trolls. There are many more subscribers who support you.

그래. 채널이 커질수록 악플러도 늘어날 테니까.

Review

우리말을 보고 영어로 말해 보세요.

01 요금제는 어떤 걸로 했어?

02 배터리가 너무 금방 닳아.

03 이번 달에 아이폰 새로 나왔잖아.

04 휴대폰 무음 모드로 바꿔.

05 나 휴대폰 곧 꺼질 것 같아.

06 넌 사진 어플 뭐 사용해?

07 이거 너도 휴대폰에 설치해 봐.

08 난 카카오톡이나 왓츠앱으로 메시지 보내.

09 이 어플 무료로 다운로드할 수 있어?

10 어플 안에서 추가 콘텐츠를 살 수 있어.

정답

01 Which data plan did you sign up for? 02 My battery is draining too fast. 03 The new iPhone was released this month. 04 Put your phone on silent mode. 05 My phone is about to die. 06 Which photo editing app do you use? 07 Try to install this on your phone. 08 I use KakaoTalk or WhatsApp to send messages. 09 Can I download this app for free? 10 You can buy extra contents inside an app.

11 브라우저를 최신 버전으로 업그레이드해야겠어.

12 나 빨리 뭐 좀 검색해도 돼?

13 내 계정 먼저 로그아웃할게.

14 와이파이가 끊겼나 봐.

15 인터넷에서 찾아보자.

16 너 그 여행 브이로그 유튜브에 업로드했어?

17 요새 악플을 다는 악플러들이 있어.

18 악플러들한테 반응하지 마.

19 그의 새 뮤직비디오 유튜브에서 엄청 인기 끌고 있어.

20 제 채널을 구독해 주세요.

---

11 I need to upgrade my browser to the latest version. 12 Can I google something really quick? 13 Let me sign out from my account first. 14 I think the Wi-Fi got disconnected. 15 Let's look it up on the Internet. 16 Have you uploaded the travel vlog on YouTube? 17 There have been haters leaving mean comments lately. 18 Don't feed the trolls. 19 His new music video is going viral on YouTube. 20 Please subscribe to my channel.

Jenna's 영어회화 꿀팁

수다 떨 때 100% 활용하는 영어 표현 2

- **There's no going back.** 이제 되돌릴 수도 없어.
- **I'm not cut out for this.** 내 적성에 안 맞아.
- **I made up my mind.** 나 결심했어.
- **Here's the deal.** 우리 이렇게 하자.
- **You are on your own.** 네가 알아서 해.
- **Okay, you are the boss.** 그래, 네 맘대로 해.
- **Keep it to yourself.** 비밀로 해.
- **I can't concentrate on my work.** 일이 손에 잡히질 않아.
- **I'm listening.** 어서 말해. / 듣고 있어.
- **I got your back.** 내가 있잖아.
- **I know how you feel.** 네 기분이 어떤지 알아.
- **Don't speak too soon.** 섣불리 말하지 마.
- **It's not my call.** 내가 어떻게 할 수 있는 일이 아니야.
- **I'm going to level with you.** 솔직하게 말할게.
- **That's not my cup of tea.** 그거 내 취향 아니야.
- **We don't see eye to eye.** 우리는 의견이 안 맞아.
- **Can we take a rain check?** 다음으로 미뤄도 될까?
- **I'll pass.** 난 빠질게.
- **Yeah, I guess that works for me.** 그래, 그건 괜찮겠다.
- **Let's play it by ear.** 그때 상황 보고 나서 결정하자.

제나쌤의 관련 유튜브 강의

어디서나 통하는 리얼 영어회화

단어장

본문에 나온
단어를 모았습니다.
잘 모르는 단어를 찾아
학습해 보세요.

Chapter 1 관계

UNIT 01 우정

□ **Can you believe ~?** ~라는 게 믿어지니?

□ **each other** 서로

□ **fly** (시간이) 아주 빨리 가다

□ **through** (~를) 지나

□ **ups and downs** 오르내림, 기복

□ **change** 변하다, 달라지다

□ **still** 여전히

□ **look** ~처럼 보이다

□ **same** 같은, 동일한

□ **wrinkle** 주름

□ **feel like** ~처럼 느껴지다

□ **in one's 20s** 20대인

□ **already** 벌써

□ **full of** ~로 가득한

□ **go way back** 오랫동안 알고 지내다

□ **hit it off** 죽이 잘 맞다

□ **click well** 잘 통하다

□ **spill the beans** 무심코 말해 버리다

UNIT 02 연애

□ **have a crush on** ~에게 반하다

□ **What if ~?** ~라면 어떨까?

□ **ask ~ out** ~에게 데이트를 신청하다

□ **kid** 농담하다, 장난치다

□ **have feelings for** ~에게 감정이 있다

□ **for real** 진짜

□ **be made for each other** 천생연분이다

□ **make a great couple** 잘 어울리다

□ **seem to** ~인 것 같다

□ **about to** 막 ~하려던 참인

□ **off the market** 연애 중인

□ **date** ~와 사귀다

□ **flirt** 추파를 던지다, 꼬시다

□ **have good chemistry** 잘 통하다

UNIT 03 결혼

□ **get married (to)** (~와) 결혼하다

□ **amazing** 놀라운

□ **regret** 후회하다

□ **either** (둘 중) 하나

□ **whether** ~이든 (아니든)

□ be married 결혼하다, 결혼한 상태이다

□ try not to ~하지 않으려 노력하다

□ since ~이므로

□ decide 결정하다

□ phase 단계, 시기

□ anniversary 기념일

□ argue 다투다, 언쟁을 하다

□ dual-income 맞벌이

□ household 가정

□ get divorced 이혼하다

UNIT 04 결별

□ break up with ~와 헤어지다

□ recently 최근

□ happen 발생하다, 일어나다

□ if you don't mind 괜찮다면

□ faith 믿음, 신뢰

□ relationship 관계

□ due to ~ 때문에

□ lack 부족

□ sorry to ~해서 유감인

□ afraid of ~를 두려워하는

□ fear 무서움, 두려움

□ tired from ~ 때문에 피곤한

□ get over ~를 극복하다

□ heal 치유하다

□ wound 상처, 부상

□ dump 차다

□ fall out of ~에서 떨어지다, ~에서 빠져나오다

UNIT 05 층간 소음

□ upstairs 위층, 2층

□ neighbor 이웃

□ loud 시끄러운

□ stomp 쿵쿵거리며 걷다

□ uncomfortable 불편한

□ in person 직접

□ file 제기하다

□ noise complaint 소음 민원

□ property 건물

□ manager 관리자

□ deal with ~를 해결하다(처리하다)

□ stand 견디다, 참다

□ host 주최하다

□ inter-floor noise 층간 소음

□ common 흔한, 보통의

□ common sense 상식

□ footstep 발소리, 발자국

□ furniture 가구

□ bark 짖다

UNIT 06 말다툼

□ be on good terms with ~와 잘 지내다

□ actually 사실

□ talk behind one's back ~의 험담을 하다

□ make up with ~와 화해하다

□ for the time being 당분간

□ co-worker 직장 동료

□ concern 관련되다

□ pissed off 화가 난

□ leave out 빼다, 생략하다

□ put ~ in a corner ~를 궁지로 몰다

□ see eye to eye 의견을 같이 하다

UNIT 07 성격

□ personality 성격

□ more of 더 ~한, 오히려

□ extrovert 외향적인 사람, 외향적인

□ outgoing 활발한, 외향적인

□ bubbly 쾌활한

□ get along with ~와 잘 지내다

□ sensitive 예민한

□ straightforward 직설적인

□ overall 대체로, 전반적으로

□ introvert 내성적인 사람, 내성적인

□ frank 솔직한

□ laid-back 느긋한

□ easygoing 태평한

□ open-minded 개방적인

□ down-to-earth 현실적인

□ arrogant 건방진, 거만한

□ self-centered 자기중심적인

□ stubborn 고집이 센

□ a big mouth 입이 가벼운 사람

UNIT 08 스트레스

□ be done ~ing ~를 다 하다

□ get stressed 스트레스를 받다

□ appetite 식욕, 입맛

□ stress ~ out ~에게 스트레스를 주다

□ have a lot on one's plate 할 일이 많다

□ juggle (두 가지 이상의 일을 동시에) 하다

□ easily 쉽게

□ career 직업, 직장 생활

□ crave ~를 원하다

□ sweets 단것

□ suck it up 받아들이다

□ overwhelmed 정신이 없는, 압도된

□ drive ~ crazy ~를 미치게 만들다

□ nerve 신경

Chapter 2 일상 생활

UNIT 09 운전

□ speed limit 제한 속도

□ enforcement camera 단속 카메라

□ aware of ~을 알고 있는

□ jaywalk 무단 횡단하다

□ a backseat driver
뒷자석에서 운전에 참견하는 사람

□ concentrate on ~에 집중하다

□ drink and drive 음주 운전을 하다

□ run out of ~가 떨어져 가다

□ gas 기름

□ cut ~ off ~를 방해하다

□ one-way 일방통행의

UNIT 10 대중교통

□ get to ~에 도착하다

□ It's better to ~하는 게 더 낫다

□ probably 아마

□ rush hour 출퇴근 시간, 러시아워

□ transfer 환승하다

□ alrighty 그래, 좋아

□ get going 출발하다

□ route 경로

□ make sure 확실하게 하다

□ jam-packed 꽉 찬

□ passenger 승객

□ get a discount 할인을 받다

□ crowded 붐비는

□ exit 출구

□ arrival time 도착 시간

UNIT 11 직장 생활

□ work on ~에 착수하다

□ deadline 마감일

□ hang in 버티다, 견디다

□ get promoted 승진하다

□ nail it 성공하다, 해내다

□ face 직면하다

□ bread and butter 생계(의 수단)

□ flatter 추켜세우다, 아첨하다

□ work overtime 시간외로 일하다

UNIT 12 집안일

□ holy moly 세상에, 어머나

□ pile 더미, 무더기

□ laundry 빨랫감, 세탁물

□ piled up 쌓여 있는

□ mess 엉망인 상태

□ do the laundry 빨래를 하다, 세탁기를 돌리다

□ dry-clean 드라이클리닝을 하다

□ do the dishes 설거지를 하다

□ vacuum 진공청소기, 진공청소기로 청소를 하다

□ split 나누다

□ stain 얼룩

□ wrinkled 주름이 있는

□ iron 다리미질을 하다

□ crumb 부스러기

□ thick 두꺼운

□ layer 겹, 층

□ dust 먼지

□ shelves 선반(shelf의 복수형)

□ drain 배수구

□ clogged with ~로 막힌

UNIT 13 배달 음식

□ too much work 너무 손이 많이 가는, 번거로운

□ delivery 배달

□ within ~ 안에

□ light 가벼운, 간단한

□ heavy 양이 많은

□ spicy 매운

□ other than ~외에

UNIT 14 요리

□ mince 다지다, 갈다

□ slice (얇게) 썰다, 저미다

□ chop (토막으로) 썰다

□ piece 조각

□ careful 조심하는

□ boil 끓이다

□ stir-fry 볶다

□ stick to ~에 달라붙다

□ deep-fry 튀기다

□ air-fry 공기로 튀기다

□ produce 농산물

□ running water 흐르는 물, 수돗물

□ colander 체, 소쿠리

□ strain 물기를 빼다

□ blanch 데치다

□ marinate 양념에 재우다

UNIT 15 식사

□ yummy 아주 맛있는

□ bland 싱거운, 자극적이지 않은

□ juicy 즙이 많은

□ tender 부드러운, 연한

□ tasty 맛있는

□ chef 요리사

□ tasteless 아무런 맛이 없는

□ assorted 다양한, 여러 가지의

□ tough 질긴

□ chew 씹다

□ soggy 눅눅한, 질척한

□ stuffed 배가 너무 부른

□ appetizing 먹음직스러운

□ dig in 먹기 시작하다

UNIT 16 마트

□ grocery 식료품

□ go grocery shopping 장을 보러 가다

□ essential 필수적인

□ prevent 막다, 방지하다

□ overspend 과소비하다

□ competitive 경쟁력 있는

□ dairy 유제품의

□ section 섹션, 코너

□ condiment 조미료

□ supply 물품

□ rest 나머지

UNIT 17 반려견

- □ pet 애완동물
- □ let A off B A를 B에서 풀어 놓다
- □ leash (개를 매어 두는) 끈
- □ illegal 불법적인
- □ owner 주인
- □ grooming 몸단장, 차림새
- □ up-to-date 최신의
- □ rabies 광견병
- □ vaccination 예방 접종
- □ breed 품종
- □ bite 물다
- □ house-trained 배변 훈련이 된

Chapter 3 날씨

UNIT 18 봄나들이

- □ scent 향기, 냄새
- □ get warmer 따뜻해지다
- □ spend time 시간을 보내다
- □ bloom 꽃이 피다
- □ speaking of which 말 나온 김에
- □ cherry blossom 벚꽃
- □ cold snap 일시적 한파
- □ have spring fever 춘곤증이 있다, 봄을 타다
- □ hay fever 꽃가루 알레르기
- □ breeze 산들바람
- □ kick in 시작하다

UNIT 19 장마

- □ pour 마구 쏟아지다, 퍼붓다
- □ soaking wet 흠뻑 젖은
- □ dehumidifier 제습기
- □ sticky 끈적거리는
- □ downpour 폭우
- □ sweaty 땀에 젖은
- □ rainy season 장마철
- □ let up 누그러지다
- □ drizzle 부슬부슬 내리다

UNIT 20 무더위

- □ humid 습한
- □ sweat 땀을 흘리다
- □ non-stop 쉬지 않고
- □ heatwave 폭염

□ receive 받다

□ absolutely 전적으로, 절대

□ sweltering 찌는 듯이

□ scorching 태워 버릴 듯이, 맹렬히

□ dehydrated 탈수증세를 보이는

□ suffocating 숨이 막히는

UNIT 21 환절기

□ daily temperature range 일교차

□ huge 큰, 거대한

□ catch a cold 감기에 걸리다

□ chilly 쌀쌀한

□ bundle up 따뜻하게 입다

□ get a flu shot 독감 예방 주사를 맞다

□ put off 미루다

□ sleeve 소매

□ unpredictable 예측할 수 없는, 변덕스러운

□ sneeze 재채기를 하다

□ have a runny nose 콧물이 나다

UNIT 22 한파

□ freezing 너무 추운

□ shiver 떨다

□ long johns 내복

□ slip 미끄러지다

□ icy road 빙판길

□ snow heavily 함박눈이 내리다

□ covered with ~로 덮인

□ convenient 편리한

□ go around (소문이나 병이) 퍼지다

Chapter 4 미용

UNIT 23 헤어스타일

□ remember 기억하다

□ exactly 정확히

□ almost 거의

□ length 길이

□ trim 다듬다

□ split end 끝이 갈라진 머리카락

□ look good with ~가 잘 어울리다

□ freshen up 새롭게 하다, 정리하다

□ thin out 숱을 치다

□ curl 감다, 말다

□ blow dry 드라이하다

□ part 가르마를 타다

□ get one's roots done 뿌리 염색을 하다

□ touch up 손보다, 고치다

UNIT 24 피부 관리

□ dehydrated (피부가) 거친, 아주 건조한

□ break out 여드름이 나다

□ dermatologist 피부과 (전문의)

□ end up 결국 ~하게 되다

□ at least 최소

□ hundreds of thousands 수십만

□ moisturize 촉촉하게 하다, 수분을 공급하다

□ facial treatment 피부 관리

□ important 중요한

□ combination skin 복합성 피부

□ sunscreen 선크림

□ remove one's makeup 화장을 지우다

□ thoroughly 철저히

□ dead skin cell 각질

□ regularly 주기적으로

UNIT 25 다이어트

□ put on weight 살이 찌다

□ cut out ~을 그만두다

□ late-night snack 야식, 야식을 먹다

□ get rid of ~를 없애다

□ love handle 허리 군살

□ work out 운동하다

□ burn 태우다

□ fat 지방

□ lose weight 살을 빼다

□ muffin top 튀어나온 뱃살

□ food craving 식욕

□ go on a diet 다이어트를 하다

□ starting today 오늘부터

□ cut down on ~을 줄이다

□ intake 섭취

□ tone up ~을 단련하다

UNIT 26 온라인 쇼핑

□ steal 공짜나 다름없이 산 물건

□ on sale 할인 중인

□ out of stock 재고가 없는

□ look goon on ~에게 잘 어울리다

□ cost (값이) ~이다

□ currently 현재

□ in stock 재고가 있는

□ save on ~를 절약하다

□ wait in line 줄 서서 기다리다

□ customer 고객

□ review 후기

□ make a purchase 구매하다

□ place an order 주문하다

□ midnight 자정

□ doorstep 문간, 현관

□ provide 제공하다

Chapter 5 건강

UNIT 27 헬스장

□ join a gym 헬스장에 등록하다

□ get back in shape 예전 몸매를 되찾다

□ right away 금방

□ try out ~를 해 보다

□ treadmill 러닝 머신

□ sign up 등록하다

□ warm up 몸을 풀다, 준비 운동을 하다

□ do cardio 유산소 운동을 하다

□ do squats 스쿼트를 하다

□ build muscles 근육을 만들다

□ burn calories 칼로리를 태우다

□ enough 충분한

□ personal trainer 개인 트레이너

UNIT 28 진찰

□ feel well 건강 상태가 좋다

□ cough 기침

□ sore throat 인후통

□ runny nose 콧물

□ symptom 증상

□ get the flu 독감에 걸리다

□ plenty 충분한

□ rest 휴식

□ fever 열

□ temperature 체온

□ come down with a cold 감기에 걸리다

□ prescription 처방전

□ antibiotic 항생제

UNIT 29 건강 검진

□ fast 금식하다

□ endoscopy 내시경술

□ go well 잘되다

□ apparently 듣자 하니, 듣기로는

□ blood pressure 혈압

□ cholesterol level 콜레스테롤 수치

□ urine 소변

□ take medication 약물 치료를 하다

□ eat right 바르게 먹다

□ chronic disease 만성 질환

□ cancer 암

□ heart disease 심장병

□ diabetes 당뇨병

□ osteoporosis 골다공증

□ receive 받다

□ result 결과

UNIT 30 치과

□ extract 뽑다

□ wisdom tooth 사랑니

□ pull out 뽑다

□ cause 유발하다

□ impacted 매복된

□ swelling 부기

□ get scaling 스케일링을 받다

□ floss 치실질을 하다

□ daily 매일

□ get braces 교정기를 하다

□ straighten 바르게 하다

□ crooked 삐뚤어진

□ cavity 충치

□ loose tooth 흔들리는 치아

UNIT 31 상처

□ knee 무릎

□ bleed 피를 흘리다, 피가 나다

□ slip 미끄러지다

□ fall down the stairs 계단에서 (굴러) 넘어지다

□ hurt 아프다

□ clean the wound 상처를 소독하다

□ painful 아픈, 고통스러운

□ Band-Aid 반창고

□ nosebleed 코피

□ scab 딱지

□ itchy 간지러운

□ bruise 멍

□ bump 부딪치다

□ cut one's finger 손가락을 베이다

□ paper cut 종이에 베인 상처

UNIT 32 시력

□ vision 시력, 시야

□ blurry 흐릿한

□ eyesight 시력

□ get worse 나빠지다

□ eye exam 시력 검사

□ astigmatism 난시

□ prescription glasses 맞춤 안경

□ helpful 도움이 되는

□ myopia 근시

□ LASIK 라식 (수술)

□ LASEK 라섹 (수술)

□ surgery 수술

Chapter 6 여가 생활

UNIT 33 TV 시청

□ remote (control) 리모컨

□ flip through ~을 휙휙 넘기다

□ interesting 재미있는, 흥미로운

□ favorite 가장 좋아하는

□ turn up the volume 볼륨을 높이다

□ turn over 채널을 돌리다

□ couch potato 가만히 앉아 티비만 보는 사람

UNIT 34 영화

□ big hit 큰 성공

□ trailer 예고편

□ a must-see 꼭 봐야 하는 것

□ book 예매하다, 예약하다

□ flight ticket 비행기표

□ leading actor 주연 배우

□ taken 선택된

□ available 가능한

□ validate 인증하다, 승인하다

□ on the edge of one's seat
몹시 흥분하여, 완전히 매료되어

UNIT 35 외식

- □ check out ~를 확인하다, ~에 가 보다
- □ eat out 외식하다
- □ feel like ~ing ~하고 싶다
- □ a glass of ~ 한 잔
- □ grilled 구운
- □ salmon 연어
- □ paired with ~와 함께
- □ rare 덜 익힌
- □ medium-rare 약간 익힌
- □ medium 중간 정도 익힌
- □ medium-well 중간보다 더 익힌
- □ well-done 바싹 익힌
- □ check 계산서

UNIT 36 카페

- □ extra 추가의
- □ add 더하다, 추가하다
- □ tray 접시, 쟁반
- □ soy milk 두유
- □ instead 대신에
- □ leave 남기다

UNIT 37 서점

- □ look for ~를 찾다
- □ bummer 실망, 실망스러운 일
- □ place 장소, 집
- □ in particular 특별히
- □ genre 장르
- □ author 작가
- □ best-selling 가장 잘 팔리는

UNIT 38 취미 생활

- □ hanging out with ~와 시간을 보내다
- □ go hiking 등산을 가다
- □ foreign language 외국어
- □ crafts 공예
- □ go fishing 낚시하러 가다
- □ fit 건강한
- □ healthy 건강한

UNIT 39 휴가

- □ get a chance to ~할 시간(기회)이 있다
- □ go on a vacation 휴가를 가다
- □ cancel 취소하다

□ reserve 예약하다

□ in advance 미리

□ staycation 집에서 보내는 휴가

□ special offer 특별 혜택, 특가 판매

□ option 선택(권)

□ take time off 휴가를 내다

□ recommend 추천하다

UNIT 40 음주

□ safely 안전하게

□ get trashed 술을 진탕 마시다

□ hangover 숙취

□ headache 두통

□ upset (속이) 불편한

□ in moderation 알맞게, 적당히

□ from now on 앞으로

□ make a toast 건배하다

□ success 성공

□ bottoms up 쭉 들이키다

□ tipsy 술이 약간 취한

□ completely 완전히

□ black out 의식을 잃다

□ drinking habit 술버릇

□ alcohol tolerance 주량

UNIT 41 등산

□ reach 도착하다, 도달하다

□ steep 가파른

□ slippery 미끄러운

□ footing 발을 디딤

□ hold onto ~에 매달리다, ~에 의지하다

□ rope 줄

□ take a break 쉬다

□ trail 산책로

□ otherwise 그렇지 않으면

□ get hurt 다치다

□ view 경치

□ sprain 삐다, 접질리다

□ get over ~를 넘다

UNIT 42 골프

□ go golfing 골프를 치러 가다

□ facility 시설

□ hit 치다

□ straight 똑바로

□ blow 불다

Chapter 7 경제 활동

UNIT 43 주식

□ invest in ~에 투자하다

□ stock 주식

□ short-term 단기의

□ trading 거래

□ long-term 장기의

□ speculation 투기

□ risky 위험한

□ nerve-racking 조마조마한

□ share 주, 주식

□ blue chip 우량주

□ fortunately 다행히

□ break even 본전치기를 하다

□ bear market 약세 시장

□ bull market 강세 시장

□ dividend 배당금

UNIT 44 신용 카드

□ leather 가죽

□ high-end 고급의

□ quite 꽤

□ expensive 비싼

□ pay in installments 할부로 내다

□ interest-free 무이자의

□ deal 거래

□ pay in full 전액을 지불하다

□ hate 싫어하다

□ owe 빚을 지다

□ report 신고하다

□ loss 분실

□ monthly 매월의

□ credit 신용

□ limit 한도

□ earn 벌다, 얻다

□ reward point 포인트

UNIT 45 부동산

□ property 부동산

□ commercial 상업의

□ be born with a silver spoon in one's mouth 부잣집에 태어나다

□ worth 가치가 있는

□ billion 10억

□ rent out ~을 임대하다

□ value 가치

□ lease 임대 계약

□ realtor 부동산 중개인

UNIT 46 은행

□ open 개설하다

□ checking account 당좌 예금 계좌

□ deposit 입금하다

□ fill out 작성하다

□ application form 신청서

□ debit card 직불 카드

□ business day 영업일

□ receive 받다

□ by mail 우편으로

□ minimum 최소한의

□ amount 양, 액수

□ withdraw 인출하다

□ savings account 적금

□ mature 만기가 되다

Chapter 8 휴대폰, 인터넷, SNS

UNIT 47 스마트폰

□ data plan 요금제

□ sign up for ~을 신청(가입)하다

□ unlimited 무제한의

□ drain 소모되다

□ release 출시하다, 공개하다

□ text 문자, 문자를 보내다

UNIT 48 어플

□ edit 편집하다

□ install 설치하다

□ download 다운로드하다

□ cost (비용이) 들다

□ compliment 칭찬하다

□ for free 무료로, 공짜로

□ called ~로 불리는

UNIT 49 인터넷

□ **latest** 최신의

□ **google** 검색하다

□ **sign out** 로그아웃하다

□ **account** 계정

□ **connection** 연결

□ **disconnected** 끊긴

□ **unstable** 불안정한

□ **look ~ up** ~을 찾아보다

□ **drag** 끌다, 끌고 가다

□ **enlarge** 확대하다

□ **lead to** ~로 이어지다

□ **cyberbullying** 사이버 폭력

□ **go viral** 입소문이 나다

□ **social media** 소셜 미디어, SNS

□ **subscribe to** ~을 구독하다

UNIT 50 SNS

□ **hater** 악플러

□ **mean** 나쁜, 못된

□ **feed** 먹이를 주다, 충족시키다

□ **troll** 부정적이거나 선동적인 글 및 댓글을 인터넷에 게재하는 사람

□ **lately** 요새, 최근

□ **ignore** 무시하다

□ **purpose** 목적

□ **overshare** 자기 사생활을 너무 드러내다

MEMO

MEMO

MEMO

MEMO